Mo pren il fest e va, enquera
jeu gitg a ti:
Negliu eis ei schi bi
sco cheu sin quella paupra terra!

Nimm deinen Wanderstab und geh, such,
ich sage dir:
Nirgends ist es schöner
als hier auf dieser armen Erde!

Gian Fontana (1897–1935)
«Der Flimser Dichter»

Selva im Quellgebiet des Vorderrheins. ▷
Rechts führt die Strasse zum Oberalppass (Route 11)

Schweizer Wanderbuch
Durchgehende Routen

Rhein-Rhone-Route

Rorschach – Chur – Brig – Montreux

20 Routenbeschreibungen mit Routenkarten, Routenprofilen und Bildern

Bearbeitet von Cristian Caduff-Vonmoos

Kümmerly + Frey Geographischer Verlag Bern
Herausgeber: Schweizerische Arbeitsgemeinschaft für Wanderwege

Inhalt

Redaktion: Sekretariat Schweizerische Arbeitsgemeinschaft für Wanderwege, Im Hirshalm 49, 4125 Riehen, Tel. 061 49 15 35

		Seite
Bilder:	Caduff, Chur	2, 6, 9, 12, 35, 43, 47, 51, 55, 59, 63, 67, 71, 75, 81, 87, 97, 104, 110
	Duschletta, Rheineck	31
	SVZ, Zürich	39, 93
	Verkehrsverein Brig	78

Umschlagbild: Biel im Goms; dahinter das Dörfchen Selkingen. Am Horizont rechts das Weisshorn. Foto Giegel SVZ.

Routenkarten: Ausschnitte aus der LK 1:300 000, reproduziert mit Bewilligung der Eidg. Landestopographie vom 29. 1. 1981

Im Frühjahr 1980 wurden von der Schweizerischen Arbeitsgemeinschaft für Wanderwege (SAW) die Wanderbücher «Alpenpassroute», «Gotthardroute» und «Mittellandroute» aus der Taufe gehoben. Auf Anhieb erfreuten sich die drei Bändchen einer sehr regen Nachfrage. Die gute Aufnahme der neuen Bücher und das positive Echo zeigten uns, dass die Herausgabe von Büchern über durchgehende Routen offensichtlich einem echten Bedürfnis entspricht. Was mögen die Motive der vielen Wanderfreunde, die das Fernwandern vermehrt pflegten, wohl gewesen sein? Vielleicht die Erkenntnis, dass der Mensch heute innert Stunden von Kontinent zu Kontinent zu reisen vermag, dass er dabei die halbe Welt sehen und konsumieren kann, aber diese doch nur oberflächlich oder überhaupt nicht kennenlernt.

Ist der Mensch von diesem Tempo am Ende überfordert? Verleiht ihm nicht eher die Fortbewegung aus eigenen Kräften das richtige, erträgliche Mass? Das grosse Interesse am Erwandern durchgehender Routen ist schon eine Antwort auf diese Frage. Das Überlandwandern wird neu entdeckt! Eine Selbstverständlichkeit aus der Zeit vor dem Aufkommen der Massenverkehrsmittel wird zur neuen Möglichkeit der Freizeit- und Feriengestaltung. Freuen wir uns über diese Entwicklung!

Ein weiterer Grund der grossen Nachfrage nach unseren Wanderbüchern besteht zweifellos darin, dass diese nach Aufbau, Inhalt, Informationswert, Darbietung, Lese- und Handlungsanreiz offensichtlich zu überzeugen vermögen. Das spricht für die Qualität der Bücher und gibt mir Anlass, allen an der Entstehung, Publikation und Verbreitung Beteiligten ganz herzlich zu danken. Der Erfolg der ersten Bücher ist das schönste Kompliment. Er ermutigt, unseren Idealen und Zielen die Treue zu halten und, einem Wanderergrundsatz folgend, in Bewegung zu bleiben. Wen wundert's da noch, dass wir uns entschlossen, den ersten SAW-Bändchen drei weitere folgen zu lassen.

So hoffe ich denn, auch die SAW-Wanderbücher der «zweiten Generation» möchten vielen Wanderfreunden Freude bereiten und nützliche Dienste erweisen, als treue Führer und lehrreiche Weggefährten!

Im Frühjahr 1981   Ernst Neukomm, Regierungsrat Schaffhausen
Präsident der Schweizerischen Arbeitsgemeinschaft
für Wanderwege (SAW)

Die Senda Sursilvana (Senda = Pfad oder ▷
Weg) führt über weite Strecken durch
blühende Wiesen

Vorwort

Im Alpengebiet führen die grossen Wanderrouten zumeist von Norden nach Süden und queren dabei die bekannten Gebirgspässe. Die Wanderung, zu welcher dieses Büchlein behilflich sein möchte, folgt dem grossen Längsgraben, der im Süden der Schweiz die Alpenkette der Länge nach teilt. Einzig der Oberalp- und der Furkapass unterbrechen diese eindrückliche Kerbe und bilden zusammen mit dem Gotthardpass das bekannte Verkehrskreuz Mitteleuropas. Eine Grosswanderung vom Bodensee zu den Ufern des Genfersees drängte sich geradezu auf. Die Rhein-Rhone-Route wird durch ihre sich stets ändernden Landschaftsbilder geprägt. Vom sanften Hügelgelände des St. Galler Rheintals steigt man allmählich hinauf zu den Weingärten der Bündner Herrschaft und später dem Vorderrhein entlang zu den alpinen Pässen. Im Westen geht es durch das berühmte Wallis, erst im Wiesen- und Waldgelände des Goms und später durch die riesigen Rebberge, hinunter zum Rhoneknie und dann dem Talrand entlang zu den Gestaden des Genfersees.

Es mag interessant sein zu wissen, dass die ganze Wanderung einst über ein einziges politisches Gebilde führte: sowohl der Raum vom Bodensee aufwärts, wie das Wallis gehörten eine zeitlang der römischen Provinz Rätien an. Es ist anzunehmen, dass dieser Umstand auch eine Verbindung der beiden Stromgebiete über die beiden Pässe voraussetzte.

Die Rhein-Rhone-Route kann zum grössten Teil während der ganzen schneefreien Zeit begangen werden. Im Frühsommer kann es jedoch geschehen, dass Teilstrecken am Oberalppass und besonders am Furkapass noch schneebedeckt sind. In diesem Falle ist es ratsam, diese Wegstücke mit den öffentlichen Verkehrsmitteln (Furka–Oberalp-Bahn und PTT) zu überbrücken.

Die Wegverhältnisse sind sehr unterschiedlich. Grosse Strecken bieten sich als ideale Wanderwege an, allein, mit jedem Jahr werden leider Flur- und Waldwege vermehrt asphaltiert, was dem Wanderer wenig frommt. Sowohl im St. Galler Rheintal, wie ganz besonders im unteren Teil des Wallis, ist man auf Hartbelag verwiesen. Aber auch die Kehrseite ist zu beachten: bei Schneeschmelze oder bei Regengüssen können kleine Bäche im Gebirge anschwellen. Wo Stege normalerweise nicht notwendig sind, kann unter solchen ausserordentlichen Umständen ein Übersetzen problematisch werden und sogar zu Umwegen zwingen.

Die Weg-Markierungen sind noch nicht einheitlich, sowohl in der Art wie in ihrer Häufigkeit. Im eigentlichen Gebirge kann man sich den Markierungen durch die Sektionen der Schweizerischen Arbeitsgemeinschaft für Wanderwege (SAW) anvertrauen, sie sind weitgehend gut. Im Vorgebirge sind sie weniger dicht gestellt, indessen ist es jederzeit möglich, mit Hilfe guter Wanderkarten (1:50 000), der Landeskarte der Schweiz

(1:25000) und der Angaben dieses Büchleins den Weg sicher zu finden. Einzig im Wallis, von Sierre abwärts bis zur Kantonsgrenze, ist die Route nicht markiert. Bis die Markierungen angebracht sind, sollen unsere Angaben nützlich sein. Die Wegverhältnisse sind in dieser Region gut, so dass es kaum möglich ist, vom Wege abzukommen.

Was bei dieser Wanderung beachtet werden muss, ist, dass man während der Vegetationszeit nicht durch das Gras geht, sondern sich an die Wege hält. Die Bauern werden dem rücksichtsvollen Wanderer dankbar sein. In den Weinbaugebieten haben die Rebbesitzer nichts dagegen, wenn hin und wieder das Rebgelände betreten wird. Zur Zeit der Traubenreife und während der Lese schätzt man das nicht und man sollte den öffentlichen Wegen folgen.

Die Rhein-Rhone-Route führt durch drei Sprachgebiete der Schweiz. Von Rorschach bis nach Chur bewegt man sich im deutschsprachigen Gebiet, am Vorderrhein trifft man die Rätoromanen, die durchwegs deutsch verstehen und im Urserental und Oberwallis spricht man wieder deutsch. In Sierre betritt man das Welschland, wo einige Französisch-Kenntnisse ganz nützlich sind, denn hier sprechen die meisten Einwohner nur ihre Sprache.

Mit Ausnahme der Alpenpässe folgt man durchwegs den Ortschaften der jeweiligen Täler. Die Route ist wohl in 20 Abschnitte eingeteilt, von denen einige ansehnliche Anforderungen an den Wanderer stellen, es ist aber möglich, die Reise jederzeit in einem Dorf oder einem Städtchen zu unterbrechen, um so mehr, als beinahe jeder Ort gute Gasthäuser anbietet.

Die angegebenen Marschzeiten basieren auf den Berechnungsgrundlagen der SAW (4,2 km/Std.). Der einzelne Wanderer wird schnell seine eigene Rechnung machen können, indem er Zuschläge oder Abstriche macht, je nach der individuellen Tüchtigkeit.

Die Rhein-Rhone-Route wird durch die verschiedenartigen Landschaften, Sprachen und Volkscharaktere, durch die sich ändernden klimatischen Verhältnisse, aber auch durch die vielfältigen Bauweisen zu einem besonderen Erlebnis, das neben der Beschaulichkeit des Wanderns auch eine Menge an Wissen über Land und Volk der durchwanderten Gebiete vermittelt.

Chur, im Frühjahr 1981   Cristian Caduff-Vonmoos

Das typische Walserhaus in Graubünden erinnert ▷
an kulturelle Gemeinsamkeit mit dem Oberwallis

Übersichtskarte

Massstab 1:1 500 000

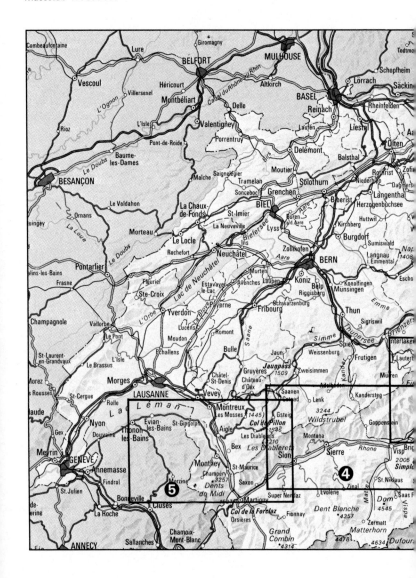

Karte 1: St. Galler Rheintal
Karte 2: Churer Rheintal, Surselva
Karte 3: Urserental, Goms
Karte 4: Mittleres Wallis
Karte 5: Unteres Wallis, Genfersee

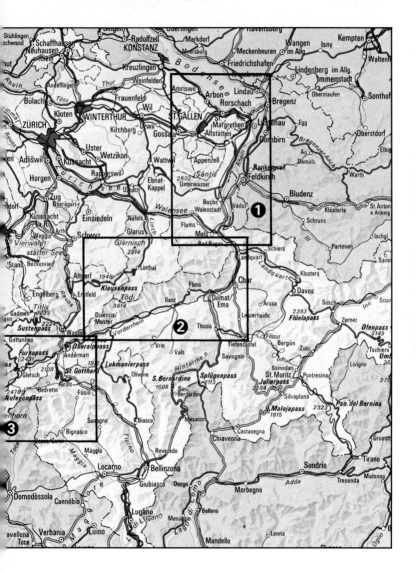

Walliser Eigenart: die Mäuseplatten, welche ungebetene Gäste von den Vorräten fernhalten sollen.

Legende zu den Routenprofilen

 Stadt oder Dorf mit Kirche

 Weiler

 Einzelgebäude

 Gasthaus

 Schloss

 Ruine

 Wald

 Aussichtspunkt

Rorschach–Maienfeld

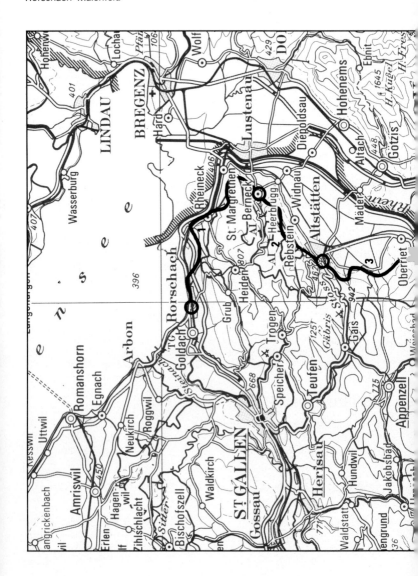

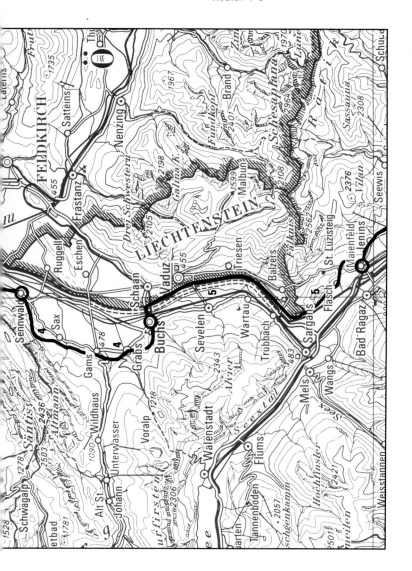

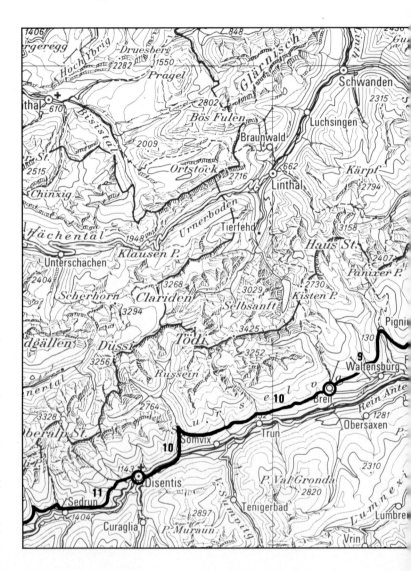

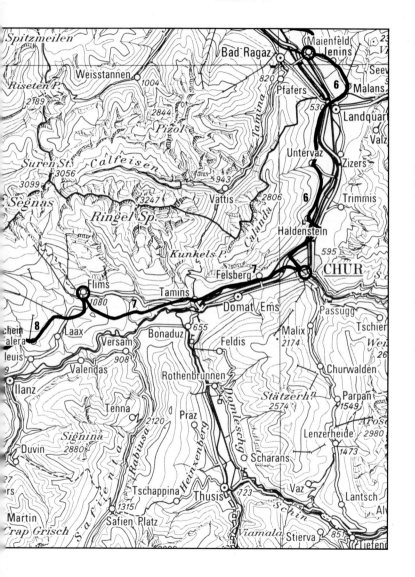

Oberalppass–Brig

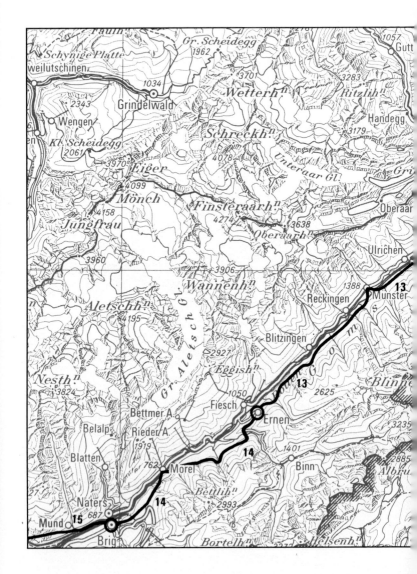

Karte 3
Massstab 1:300 000
Routen 11–14

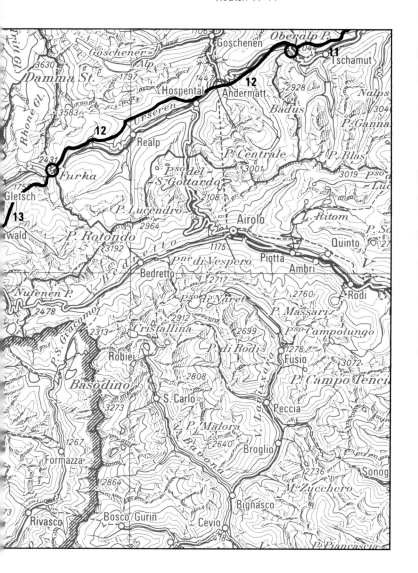

Brig–Sion

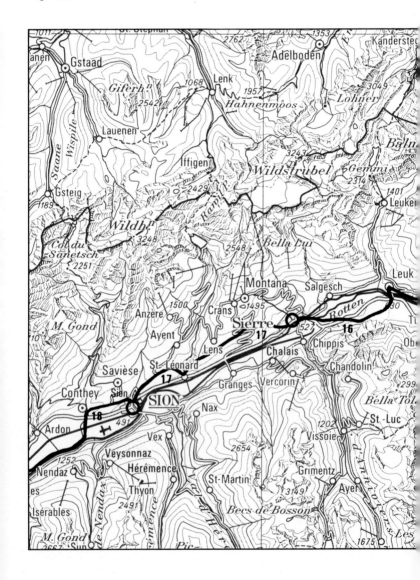

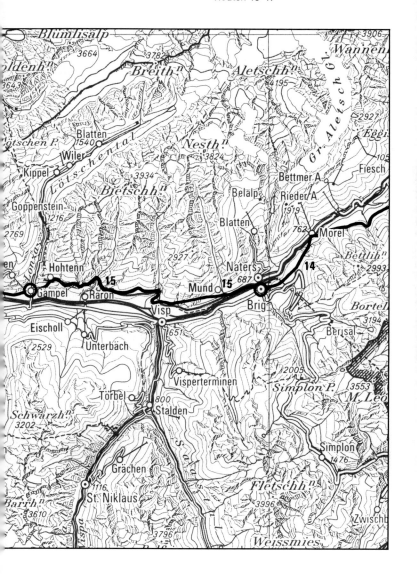

Sion–Montreux

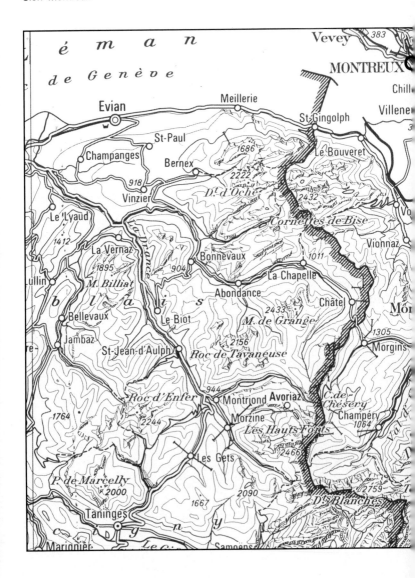

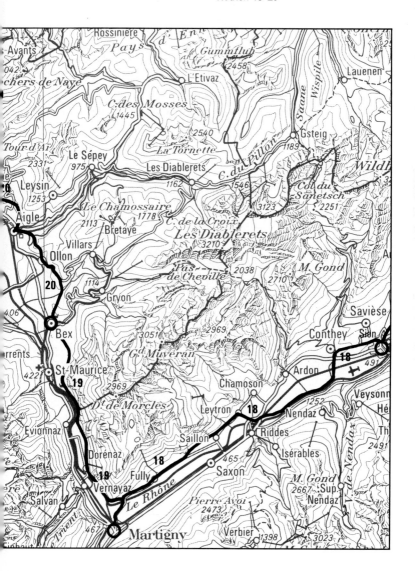

1   Rorschach – Rheineck – Berneck

Die grosse Fussreise vom Bodensee zum Genfersee beginnen wir in Rorschach mit einer abwechslungsreichen Wanderung, die sich teilweise hoch über dem Bodensee hinzieht und dann den untersten Teil des Rheintales vor der Einmündung in den Bodensee betritt. Dabei geniessen wir eine besonders schöne Rundsicht über den «Wetterwinkel» des Sees und über diesen hinaus nach Lindau und Bregenz.

Route	Höhe in m	Hinweg	Rückweg
Rorschach/Hafen	398	—	4 Std. 45 Min.
Buechsteiggass	475	1 Std. 25 Min.	3 Std. 25 Min.
Rheineck/Station	400	2 Std. 25 Min.	2 Std. 20 Min.
Glaserholz	569	4 Std.	1 Std.
Berneck/Rathaus	427	4 Std. 50 Min.	—

Seit dem frühen Mittelalter galt *Rorschach* als ein wichtiger Handelshafen am Bodensee, der schon im Jahre 947 von Kaiser Otto dem Grossen das Münz- und Zollrecht erhielt. Wesentlichen Anteil am Aufstieg des Ortes hatten die Äbte von St. Gallen. 1597 erschien hier die erste Zeitung der Welt. Sehenswürdigkeiten sind das Kornhaus, das als schönster Getreidespeicher der Schweiz gilt und nach einer gründlichen Renovation im Jahre 1964 unter anderem ein Heimatmuseum enthält, dann Mariaberg, ein ehemaliges Benediktinerkloster, welches heute ein Lehrerseminar beherbergt.
Vom Hafenplatz aus folgen wir dem Uferweg bis nach *Rorschach/Bahnhof,* wo wir die Bahnüberführung finden, welche zum Weg nach den Häusern von Wiggen führt. Aufwärts steigend queren wir die Strasse nach Heiden, dann die Nationalstrasse, und erreichen über den Feldweg *Wartensee,* mit Schloss und grossem Weiher. Das Schloss wurde im 13. Jahrhundert für die Abtei St. Gallen erbaut und ist heute, nach verschiedenen Umbauten, eine evangelische Heimstätte geworden. Die

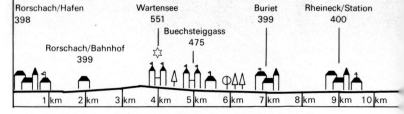

Lage, 150 m über dem See, erlaubt eine sehr schöne Rundsicht über den oberen Teil des Bodensees.

Gleich nach dem Schloss betreten wir die Strasse, die in Richtung Buechberg führt. Diese zieht sich, nachdem sie die Rorschach-Heiden-Bahn gequert hat, in den Kreienwald hinein und fällt leicht hinunter zum Einschnitt *Buechsteiggass.* Östlich des Einschnittes beginnt der markante Rücken des Buechbergs. Wir steigen leicht zum malerischen Schloss Grifenstein empor, welches die Tochter des sanktgallischen Bürgermeisters und Reformators Vadian im 16. Jh. bauen liess. Der Weiterweg folgt der Kante des Bergrückens, wobei wir zum Aussichtspunkt «Steinig Tisch» gelangen. Vor allem erhalten wir hier einen Überblick über das Rheindelta mit seinen Auen. Immer dem Rücken folgend, steigen wir zur Ortschaft *Buriet* ab und über den Feldweg erreichen wir, in der Nähe der Nationalstrasse, Steinlibach. Zwischen N 13 und dem SBB-Geleise wandernd, erreichen wir die Station *Rheineck.* Als Sehenswürdigkeiten sind zu erwähnen: der barocke Löwenhof (1748) und das Rathaus (1555).

Auf der Höhe der Rheinbrücke nach Gaissau gelangen wir in den bergseitigen Wald, der sich über der Tobelmühli emporzieht. Wir steigen zuerst empor, wenden uns in Richtung der Weiler Hof und Wiberg, um dann, in der Senke des Rätscheren Baches angelangt, leicht abwärts nach Romenschwanden zu wandern. Gleich geht es wieder aufwärts, wobei wir kurz vor Burghalden die Ruinen der alten Burganlage *Grimmenstein* besichtigen können.

Die Wanderung verläuft nun dem Hang entlang. Wir dringen in die Tiefe des Wasenbaches und des Schutzbaches und erblicken dann den Gletscherhügel, von wo aus man eine sehr schöne Sicht auf die Rheinebene und das Fussacher Ried hat. Dann queren wir die Strasse, die von St. Margrethen nach Walzenhausen führt und wandern durch das *Glaserholz* zur Hauptstrasse Au-Walzenhausen. Dieser folgen wir rund 700 m. In der grossen Kehre verlassen wir die Strasse, um über Langmoos nach Rüden zu gelangen. Von Rüden führt ein Fussweg durch die Rebberge nach *Berneck.*

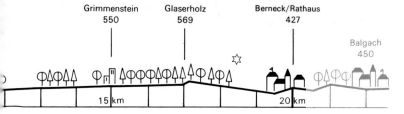

| Grimmenstein | Glaserholz | Berneck/Rathaus | | Balgach |
| 550 | 569 | 427 | | 450 |

15 km   20 km

2   Berneck–Balgach–Altstätten

Diese Wanderung führt über Hügel und durch Wälder, welche die West-
seite des Rheintals bilden. Immer wieder blickt man in die grosse Ebene
des Rheins und darüber hinaus ins Vorarlbergische.

Route	Höhe in m	Hinweg	Rückweg
Berneck/Rathaus	427	—	3 Std. 10 Min.
Nonnenbommert	580	50 Min.	2 Std. 30 Min.
Balgach	414	1 Std. 15 Min.	2 Std.
Marbach	437	2 Std. 15 Min.	1 Std.
Altstätten/Stadt	460	3 Std. 15 Min.	—

Die geschützte Lage des grossen Winzerdorfes *Berneck,* in einer grossen
Bucht des Rheintals gelegen, lässt ahnen, dass der Ort schon sehr früh
besiedelt war. Bereits im Jahre 890 hört man von einer Siedlung, 1210
heisst sie «Bernang». Bemerkenswert sind das sogenannte Fürstenhaus
am Fuss des Burghügels (1729), das Rathaus von 1591, umgestaltet im
Jahre 1948, wo die Büsten des Historikers Johannes Dierauer und des
Schriftstellers Heinrich Federer stehen, dann die Kaltwehkapelle und das
Chlösterli, gleich daneben. Zu erwähnen sind auch die Pfarrkirche Unserer Lieben Frau, die vermutlich im 9. Jh. gegründet wurde und die Heilig-
kreuzkapelle. Berneck fiel 1848 einem Brand zum Opfer.
Im Süden der Ortschaft drängt sich ein Hügelrücken in Richtung des
Rheins, der Rosenberg. Den Beginn des Aufstiegs erreichen wir vom Rathaus her, indem wir uns über den Bach setzen und bei Schossenriet den
Wald betreten. Verschiedene Wege ziehen sich zwischen den Bäumen
empor und führen zu den Häusern von Husen. Dahinter finden wir eine
weitere Talbucht, die gegen Süden mit schönen Reben bestanden ist.
Auch hier pflegt man besonders den Blauburgunder. Auf dem Höhenzug
stehen die Reste einiger ehemaligen Burgen, Husen, Bernang und Rosenberg. Von Husen aus steigen wir recht steil durch die Reben ins Tälchen,

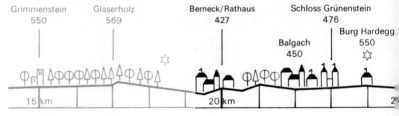

zu den Bauernhäusern von Kalkofen hinunter. Talauswärts erblicken wir
das Schlössli Buechholz, das die Jahrzahl 1607 trägt.
Nach einem kurzen und steilen Aufstieg durch den Wald stehen wir in
Buechholz, in einem schmalen Tal, das wieder einige Rebberge aufweist.
Der Weg verläuft in gleicher Richtung und dringt neuerdings in Waldgelände, das ebenfalls steil aufwärts führt, bis zur Höhe von 580 m. Wir befinden uns hoch über dem Rhein, der gegenüber durch den Diepoldsauer
Durchstich fliesst. Die grossen Korrekturen am Rheinlauf erfolgten nach
der Konvention mit Österreich von 1892. Die Berge hinter Hohenems und
Götzis im Vorarlbergischen bilden den Rahmen zum Bregenzer Wald.
Nun steigen wir durch den *Nonnenbommert* genannten Wald hinunter
nach *Balgach.* Auch dieser Ort lässt sich geschichtlich bis ins 9. Jh. zu-
rückverfolgen. Wir schauen uns das ehemalige Rathaus (1566) und die
beiden Pfarrkirchen an, aber auch die verschiedenen gestrickten und ge-
ständerten Holzhäuser des 17. und 18. Jh., die im Dorfzentrum stehen.
Beim Dorfteil Bild verlassen wir die Hauptstrasse und streben dem *Schloss
Grünenstein* zu, einer stattlichen Anlage, die bereits 1270 erwähnt ist. Wir
steigen am Schloss vorbei und weiter empor zur Siedlung Schluch. In
gleicher Richtung wandernd, kommen wir an der ehemaligen *Burg Hardegg* vorbei und dann nach Tobel und Hären. Uns zu Füssen liegt die Ortschaft Rebstein. Von Hären erreichen wir über Elmatt und Hirschelen das
kleine Schloss Wistein, das ein Restaurant enthält. Wistein ist bereits
1375 erwähnt, hat verschiedene Umbauten erlebt und ist heute Privatbesitz des Wirtes. Bei der Rast im Schlossgarten schaut man weit über die
Ebene des Rheintals bis hinauf zum Hirschensprung.
Nun müssen wir in das Dorf *Marbach* hinunter (Fussweg), wo im nördlichen Dorfteil ein Weg nach Ober Lüchingen beginnt. Dort angelangt
zweigen wir zur Burg Neu-Altstätten ab, die nach der Zerstörung im Appenzeller Krieg 1404 wieder aufgebaut wurde. Nachdem wir das Mühlto-
bel passiert haben, queren wir die Ruppenstrasse und erreichen in kurzer
Zeit das Städtchen *Altstätten.*

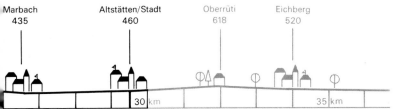

Marbach	Altstätten/Stadt	Oberrüti	Eichberg
435	460	618	520

3 Altstätten–Hirschensprung–Sennwald

Diese etwas längere Wanderung ist voller Abwechslung; sie führt durch Rebgelände und dann am Rand der Voralpen entlang zur Trennlinie Hirschensprung und weiter bis Sennwald.

Route	Höhe in m	Hinweg	Rückweg
Altstätten/Stadt	460	—	5 Std. 10 Min.
Eichberg	529	1 Std. 35 Min.	3 Std. 35 Min.
Kobelwis	459	2 Std. 15 Min.	2 Std. 50 Min.
Hirschensprung	425	3 Std. 15 Min.	1 Std. 45 Min.
Sennwald/Post	450	5 Std.	—

Das heutige Städtchen *Altstätten* wird urkundlich bereits im Jahre 853 erstmals genannt, 1270 wurde es vom Abt von St. Gallen zur Stadt erhoben und befestigt. In den Appenzeller Kriegen wurde es von Österreich zerstört, entwickelte sich dann erst als Weinbaugebiet und, im 17. Jahrhundert, zum Ort der Leinwandindustrie und der Handstickerei. Altstätten ist ein Verkehrsknotenpunkt. Einst besass der Ort vier Stadttore, heute besteht nur noch das Untertor. Was das Städtchen bemerkenswert macht, sind die malerischen Giebelhäuser an der Marktgasse; sie stammen vornehmlich aus dem 18. Jahrhundert. Sehenswert sind das Ortsmuseum, das Rathaus und die katholische Pfarrkirche St. Nikolaus.

Die Wanderung beginnen wir beim Untertor. Wir überschreiten den Luterbach und erreichen durch das Quartier Forst den Bergrücken mit der weithin sichtbaren Kapelle. Leicht ansteigend führt der Weg an der Forstkapelle vorbei. Man erblickt die Rebhänge im Süden des Hügels, wo der bekannte Forstwein wächst. Weiter wandernd erreichen wir das ausgedehnte Chrans, steigen dann auf Feldwegen hinunter nach Fuchsnest, wo der Aufstieg nach *Oberrüti* beginnt. Dort stossen wir auf das Strässchen, welches uns leicht abwärts nach Strick führt. Bei der grossen Kehre zweigt ein Pfad ab, der über die Hänge zur Strasse nach Eichberg

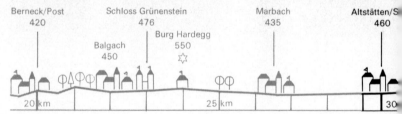

Berneck/Post 420   Schloss Grünenstein 476   Marbach 435   Altstätten/S 460

Balgach 450   Burg Hardegg 550 ☆

20 km   25 km   30

leitet. Vom Dorfplatz in *Eichberg* führt ein Feldweg nach Süesswinkel und dann hinunter nach Oberau. Quer durch das Wiesland finden wir den Weg nach Hueb, von wo aus wir über die Strasse nach *Kobelwis* marschieren. Während die Strasse links emporführt, wählen wir den Weg rechts, der nach Gruebach und dann nach Kobelwald leitet. Mitten zwischen diesen beiden Orten zweigt hangwärts ein Waldweg ab, der zur Kristallhöhle führt. Der kleine Abstecher (rund 30 Minuten) lohnt sich, denn dort oben findet man ein seltenes Naturwunder, das seit altersher bekannt ist. An Sonn- und Feiertagen von Ostern bis Allerheiligen ist die Höhle offen, sonst muss der Höhlenwart (Tel. 071 781670) angefragt werden. Die Höhle mit verschiedenartigen Kristallen ist 150 m tief. In Kobelwald wählen wir die Strasse nach Freienbach und Rehag, aber nach 300 m zweigt der Weg ab, der nach Moos hinabführt. Nach wiederum 300 m wenden wir uns bei der Verzweigung nach rechts, wo ein Fussweg – unterhalb der Strasse – zur Siedlung *Stig* führt. Hier stossen wir auf die vorher verlassene Strasse und nach wenigen Minuten führt eine Abkürzung nach Rehag hinunter. Über die Hügelkuppe steigen wir hinüber nach Eichholz. Diese Hügelkuppe wird links vom Wanderweg von der Kantonsstrasse durchfahren. Wir befinden uns an einer sehr interessanten Stelle, denn der Hügelzug Blattenberg, der sich bis zum Rhein ausdehnt, wird bei Rehag durch einen schluchtartigen Einschnitt in zwei Teile geschnitten, durch welchen sich die Strasse drängt. Dieses Wegstück ist äusserst romantisch und endet in der Ortschaft Hirschensprung; mancher Wanderer wird die 200 m auf der Felsenstrasse zurücklegen.

Der *Hirschensprung,* wie die Gegend heisst, galt bis ins Mittelalter hinein als Sprachgrenze zwischen Rätoromanisch und Deutsch. Grob gesagt verlief hier die Grenze zwischen Ober- und Unterrätien. Unweit des Hirschensprungs entdeckt man heute noch Flur- und Ortsnamen, die romanischen Ursprungs sind.

Im Eichholz finden wir die Fortsetzung der Wanderung, die am Bauernhof Oberfeld vorbei zum Dorf *Rüthi* führt. Bei Graswuchs kann es vorkommen, dass wir auf die nahe Landstrasse ausweichen müssen, die

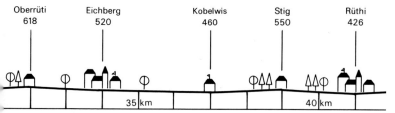

Oberrüti	Eichberg	Kobelwis	Stig	Rüthi
618	520	460	550	426

35 km   40 km

ebenfalls nach Rüthi führt. Der Ort Rüthi ist schon in einer Urkunde von 820 erwähnt, er gehörte zu Rätien. Die sich auf einem Hügel erhebende Kirche St. Valentin ist erstmals 1287 erwähnt, später wurde sie verschiedentlich um- oder neu gebaut. 1887 erlebte Rüthi einen Grossbrand, dem 93 Gebäude zum Opfer fielen; drei Jahre später vernichtete ein neues Grossfeuer 216 Häuser.

Im oberen Dorfteil von Rüthi finden wir das Strässchen, welches zum Weiler *Plona* führt, das rund 130 m höher liegt. Plona gehört wie Lienz, Ametschils, Buolt u. a. zu den Namen romanischen Ursprungs. In der St. Antonius-Kapelle findet man Bilder des bekannten Malers F. Gehr. Über die «Wis» wandern wir weiter nach Furnis, wo der Abstieg nach Lienz beginnt. Bei der Brücke findet sich ein Kruzifix, das an die Überschwemmmungen von 1938 und 1970 erinnert. Die Ortschaft Lienz ist eine Enklave, die zur Stadt Altstätten gehört. Hier treffen wir auf die Landstrasse, die nach *Sennwald* leitet. Von Unter Stein aus kann man auf einen Wiesenpfad ausweichen, der parallel zur Strasse verläuft.

Rheineck, das alte Schifferstädtchen am ▷
alten Rheinlauf (Route 1)

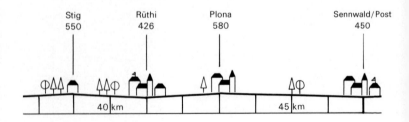

Stig	Rüthi	Plona	Sennwald/Post
550	426	580	450

40 km   45 km

4   Sennwald – Rofisbach – Gams – Buchs

Eine geschichtlich wie landschaftlich interessante Wanderung führt dem Westrand des Rheintals entlang nach Werdenberg und Buchs. Dabei erhalten wir einen guten Eindruck von der Ebene, welche vom Alpenrhein durchflossen wird.

Route	Höhe in m	Hinweg	Rückweg
Sennwald/Post	450	–	4 Std. 40 Min.
Usser Tratt	637	1 Std. 30 Min.	3 Std. 20 Min.
Rofisbach	484	2 Std. 10 Min.	2 Std. 30 Min.
Gams	478	3 Std.	1 Std. 40 Min.
Buchs/Bahnhof	447	4 Std. 35 Min.	–

Bevor wir *Sennwald* verlassen, werden wir einige Sehenswürdigkeiten wie die «Rote Kirche», einen spätgotischen Bau aus der Zeit nach dem Brand von 1499, besichtigen. In der Glockenstube des Turmes befinden sich Sarg und Mumie des 1596 ermordeten Freiherrn Johann Philipp von Hohensax. In Richtung Salez erhebt sich die Burg Forstegg mit Wohnturm und Bergfried, erbaut um 1200 von Heinrich von Sax. Später wurde sie Sitz der zürcherischen Landvögte. Im Zeughaus des Schlosses befindet sich ein Heimatmuseum, in der Nähe der Burg entspringt eine Mineralquelle. In Salez besteht noch eine alte Hammerschmiede, die funktionstüchtig erhalten wird. Ausserdem können verschiedene interessante Stilbauten bewundert werden.

Von der Dorfmitte steigen wir nach Strick hinauf, queren die Wiese und übersteigen den Steinen Bach. Hier folgen wir dem Feldweg, der zum Waldrand Rüti führt, dann wird es notwendig, nach Egg einzuschwenken, wo der Weg durch den flachen Wald Chnorren bis Hinter Tratt führt. Ein weiterer Feldweg, der dem Waldrand entlang leitet, führt uns nach Guferen, einem Waldgelände oberhalb Frümsen. Von Frümsen herauf steigt ein Weg in die Waldungen empor, wir folgen diesem bis zur dritten

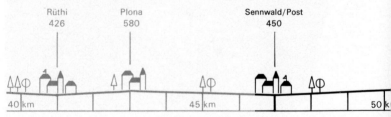

Rüthi 426   Plona 580   Sennwald/Post 450

40 km   45 km   50 k

grossen Kehre, wo ein Seitenweg nach *Usser Tratt* hinüberführt, das 637 m hoch liegt. Nun wandern wir mehr oder weniger ebenwegs durch Wald, Lichtungen und Wiesen über Tscheel und Haldenhüser nach Chapf. Nach der Gebäudegruppe Dreiegg überschreiten wir den Bach und stossen auf das Strässchen, welches zur Saxer Lücke hinaufführt. Auf diesem können wir nach *Rofisbach* oder nach dem Dorf Sax absteigen. Rechterhand liegen – auf unwegsamem Felsgerippe – die Ruinen der ehemaligen Burg Hohensax, einstiger Stammsitz eines Zweiges der Misoxer Familie von Sax. Die Burg wurde um 1200 erbaut und 1446 von den Appenzellern zerstört. Etwas tiefer findet man die Überreste der Burg Frischenberg, welche als Vorwerk zu Hohensax betrachtet wird. Im Dorf Sax gilt das Schlössli (Gasthaus) als Sehenswürdigkeit. Dieser stattliche Steinbau wurde 1551 von Albrecht von Sax erbaut, erlebte viele Besitzwechsel und weist heute noch interessante Details auf.

Von Rofisbach bis zum Gasenzer Bach (Gamschol) benützen wir mit Vorteil die Kantonsstrasse, die seit der Inbetriebnahme der N 13 wenig Verkehr aufweist (der Pfad über Oberfarnen ist nicht leicht zu finden). Dem Gasenzerbach-Kanal entlang wandern wir bis zur Brücke aufwärts und gewinnen oberhalb Chalchofen das Strässchen nach Schönenberg. An dieser Stelle überschauen wir das Rheintal mit seinem vielfältigen Kanalsystem, das die Gewässer, die vom Berg herunterfliessen, auffängt und zum Rhein leitet. Sie alle (wie der Gasenzer Bach) werden vom Werdenberger Binnenkanal aufgefangen, der unterhalb von Rüthi in den Rhein mündet. Kurz vor Sennwald beginnt der Rheintaler Binnenkanal, dessen Wasser bei St. Margrethen in den Alten Rhein fliesst. Über den Rhein dringt der Blick hinein ins Montafon. Gleich hinter dem Uferdamm erhebt sich der zu Liechtenstein gehörende Eschnerberg, wo zahlreiche vorgeschichtliche Funde gemacht wurden. Auch auf dem jenseitigen Rheinufer besteht ein sinnreiches Kanalsystem, das aber dem Hochwasser im Jahre 1927 nicht standzuhalten vermochte, so dass es zu einer gewaltigen Hochwasserkatastrophe kam.

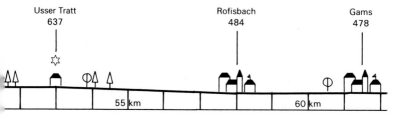

Usser Tratt 637   Rofisbach 484   Gams 478

55 km   60 km

Durch das obstreiche Gelände von Hueb, hier wächst begehrtes Tafelobst, nähern wir uns der Gemeinde *Gams,* das in einer Urkunde von 835 Campesias hiess. Eindrucksvoll ist die Pfarrkirche St. Michael, die in neugotischem Stil gebaut ist, in ihren Ursprüngen jedoch bis ins 9. Jahrhundert zurückreicht. Im Dorf entdeckt man einige bemerkenswerte Strickbauten des 17. Jahrhunderts. Gams gilt als Verkehrsknotenpunkt, neben den Strassen in Richtung Sennwald und Buchs verbinden solche den Ort mit dem Liechtensteinischen und über Wildhaus mit dem Toggenburg. Von der Ortsmitte führt ein Feldweg zum Gehöft Widen und über Gartis zum Steg, der über die Simmi setzt. Dort findet man einen Wiesenpfad, der über Stocken und Feld ins Dorf *Grabs* führt. Die Legende erzählt, im Jahre 614 sei der Begründer des Klosters St. Gallen, Gallus, vor dem Herzog Gunzo nach Quadravedes, dem heutigen Grabs, geflohen. Indessen ist die Deutung des Ortsnamens Grabs bedeutend schwieriger; in der Umgebung finden sich zahlreiche Flurnamen, die rätoromanisch sind. Nach der Brücke über den Grabser Bach streben wir dem oberen Dorfteil zu, wo wir den Weg nach Werdenberg finden. Dieser führt etwa 100 m über der Talsohle dahin, so dass der Blick stets gegen Liechtenstein frei ist. Über Perdell, Bongert und Untergatter (höchster Punkt) sind wir leicht angestiegen. Nun folgt man dem Waldrand abwärts und erreicht schliesslich das imposante *Schloss Werdenberg,* welches die Umgebung beherrscht. Durch das malerische, mit Heimatschutzgeldern restaurierte Städtchen gelangen wir an den Werdenbergersee. Von hier aus präsentieren sich Städtchen und Schloss besonders schön. Über die Hauptstrasse und die von geschäftigem Treiben erfüllte Bahnhofstrasse gelangen wir zum bedeutenden Grenzbahnhof *Buchs* (Näheres S. 101).

Im Schlösschen Wistein oberhalb Marbach ▷ findet der Wanderer eine gemütliche Gaststätte (Route 2)

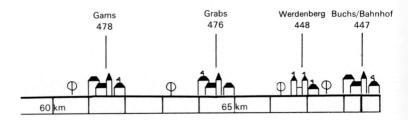

| Gams 478 | Grabs 476 | Werdenberg 448 | Buchs/Bahnhof 447 |

60 km   65 km

5 Buchs-Balzers-Fläsch-Maienfeld

Über die Landesgrenzen hinaus führt diese Wanderung ins Liechtensteinische. Dem Rhein entlang, stets mit Blick auf beide Talseiten, erreichen wir den Fläscherberg, welcher als Tor zur Bündner Herrschaft gilt.

Route	Höhe in m	Hinweg	Rückweg
Buchs/Bahnhof	447	—	6 Std. 10 Min.
Balzers	474	3 Std. 10 Min.	3 Std.
Fläsch	510	5 Std.	1 Std. 15 Min.
Maienfeld/Station	504	6 Std. 10 Min.	—

Der Grenzbahnhof *Buchs* (Näheres S. 101) bildet den Anschluss zur österreichischen Arlberglinie. Über die Rheinbrücke gelangen wir in das Fürstentum Liechtenstein. Seit Eröffnung der Nationalstrasse 13 ist der Übergang etwas komplizierter geworden, indessen findet man den Weg, dank der guten Signalisierung. Die Route folgt von hier weg dem sogenannten Alpenrhein. Es wäre durchaus möglich, dem Fluss auf der Schweizerseite zu folgen, aber die unmittelbare Nähe der Autobahn würde wohl stören. Auch auf der Liechtensteiner Seite ist der ursprüngliche Rheinweg asphaltiert und es bestehen kaum noch Fischerpfade. Wer diesen Nachteil umgehen möchte, kann von Buchs aus über Sevelen und Wartau nach Trübbach ausweichen, wo er auf die Uferroute trifft.

Vom Rhein aus besitzt man einen guten Überblick auf beide Seiten des Rheintals. Rückblickend auf die Schweizerseite sieht man über Gams und Rofisbach die zackigen Kalkspitzen der Kreuzberge, ein Kletterparadies für Bergsteiger, dann den uralten Übergang vom Rheintal ins Appenzellische, die Saxer Lücke, und weiter vorne den schmalen Aufstieg nach Wildhaus. Über Buchs beginnt die Bergkette, welche Rheintal und Seeztal scheidet, die am Fulfirst den höchsten Punkt erreicht. Diese Gruppe findet ihr Ende in Sargans, wo sich der mächtige Gonzen erhebt. Dort wurde jahrhundertelang Erz gewonnen.

Buchs/Bahnhof
447

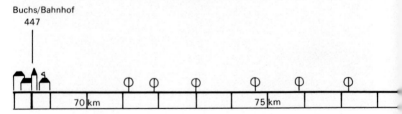

Auf der rechten Rheinseite dehnt sich Liechtenstein aus, das 1923 einen Zollvertrag mit der Schweiz abgeschlossen hat und seitdem wirtschaftlich mit unserem Land eng verbunden ist. Uns gegenüber liegt der Hauptort Vaduz, der von der Residenz des Landesfürsten, einer eindrucksvollen Burg, überragt wird. Die Ebene davor ist schachbrettartig von Feldwegen und Entwässerungskanälen unterteilt und wir stellen fest, dass die Industrieanlagen sich immer weiter zum Rhein hin ausdehnen. Wir nähern uns der Ortschaft *Balzers,* welche durch die Burg Gutenberg gekennzeichnet wird. Weiter hinten entdecken wir den Einschnitt der Luziensteig, dieses uralten Zugangs nach Rätien. Der Name erinnert an den Heiligen Luzius, der in Graubünden immer noch verehrt wird. An der Luziensteig wurde oft gekämpft, von der Zeit der Romanisierung bis zum Franzoseneinfall im Jahre 1799.

Auf der gegenüberliegenden Rheinseite erhebt sich auf einem Felsen die Burg Wartau, die 1261 als Besitz der Herren von Wildenberg erwähnt wird. Vor uns erhebt sich der Fläscherberg, welcher wie eine Bastion die Luziensteig vom Rhein trennt. Der vorderste Felsen, der steil aufragt, wird auch die Rätische Loreley genannt, doch kämmt auf ihrem Gipfel keine Blondine ihr Haar, in Rätien ist man traditionsgemäss eher dunkel. Der offizielle Name dieses Bergrückens ist Ellhorn. Er bildet die Grenze zwischen Liechtenstein und der Schweiz.

Dort wo die Rheinwuhren zu Ende sind und der Bergvorsprung das Wasser zähmt, endet auch der Asphaltweg. Dem Ellhorn entlang führt nun ein reizvoller Pfad an einer interessanten Trockenvegetation vorbei, die von vielen Föhren gekennzeichnet ist. Beim sogenannten *Heidenkopf* steigen wir hinunter zum Rhein-Niveau und stehen am Rand eines nicht minder interessanten Feuchtgebietes. Dieses wird durch die Gewässer gebildet, die sich um Jenins sammeln. Wir wandern durch den Auenwald und erreichen dort das offene Gelände, wo die bekannten Jeninser Weinberge beginnen. Hier erblicken wir die Quelle des einstigen Fläscherbades, deren Wasser heute frei über eine Mauer fliesst. Das Mineralbad hatte in früherer Zeit eine gewisse Bedeutung. Nun folgen wir dem Strässchen,

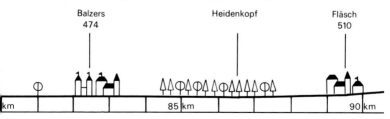

Balzers
474

Heidenkopf

Fläsch
510

km   85 km   90 km

das sich unterhalb der Rebhänge dahinzieht und nach dem Winzerdorf *Fläsch* führt. Rechterhand breiten sich saftige Wiesen aus, an der gegenüberliegenden Talseite liegt Bad Ragaz. Die geschützte Lage im Windschatten des Fläscherbergs ist bereits zur Bronzezeit bekannt gewesen; oberhalb des Dorfes, an den Felsen von Matlusch, hat man urgeschichtliche Funde gemacht. Fläsch zeigt ein beinahe intaktes Dorfbild, das mit seinen Winzerhäusern sehr malerisch ist. Durch den Ort aufwärts wandernd findet man die kleine Strasse, die zur *Luziensteig* führt. Grosse Buchen stehen am Wege, nach vorne schauen wir direkt zu den Felswänden des Falknis hin. Oben kreuzen wir die Passstrasse, queren rund 200 m weiter unten den Steigwald und gelangen zu den Weiden, die von mächtigen Eichen durchsetzt sind. Wir haben die Gegend um Bofel erreicht, von wo aus man eine eindrucksvolle Sicht auf das Churer Rheintal hat. Durch die Weingärten, die von hohen Mauern begrenzt sind, welche den Nordwind abhalten sollen, steigen wir zum tiefer gelegenen *Maienfeld* (Näheres S. 101) hinunter.

Das Städtchen Maienfeld in der Herrschaft, ▷ mit dem Charakter eines Weinbauernortes (Routen 5/6)

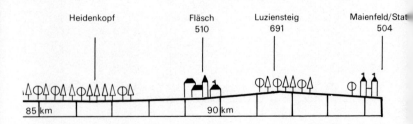

6   Maienfeld – Mastrils – Haldenstein – Chur

Diese Wanderung wechselt über beide Rheinseiten, führt durch die Rebberge der Bündner Herrschaft und vermittelt einen besonders guten Einblick in das Gebiet der Fünf Dörfer. Dem Rhein entlang folgt man den
ausgedehnten und interessanten Auenwäldern zwischen Mastrils und
Haldenstein.

Route	Höhe in m	Hinweg	Rückweg
Maienfeld/Station	504	—	6 Std. 45 Min.
Malans	568	1 Std. 30 Min.	5 Std. 10 Min.
Mastrils	690	2 Std. 35 Min.	4 Std. 10 Min.
Untervaz	564	4 Std.	2 Std. 40 Min.
Haldenstein	566	5 Std. 35 Min.	1 Std. 10 Min.
Chur/Bahnhof	585	6 Std. 45 Min.	—

Von der Station gelangt man über die Hauptstrasse in die Stadtmitte von
Maienfeld (Näheres S. 101). An der Kirche vorbei steigt man durch die
Weinberge hinauf nach Bofel, wo auch die interkantonale Försterschule
steht. Dort wendet man sich nach rechts, Richtung Jenins, wobei man
nach gut 200 m zu einer Weggabelung gelangt. Mit Vorteil wählt man die
obere Variante die nach *Ober Rofels* führt, welches eine ehemalige Wal-
sersiedlung ist. Am Wege steht das alte Rathaus der freien Walser mit
den Wappen der Familien. Nach der Wiesenterrasse beginnt der Weg
nach Unter Rofels zu fallen, einem Weiler, der mit dem Heidi-Buch bekannt geworden ist. Von hier aus kann man zur Alp emporsteigen, auf
welcher der Alp-Öhi und das kleine Mädchen sonnige Tage verlebt haben.
An den Sonnenhängen bemerkt man Rebberge, im Flachland dehnt sich
Wiesengelände aus. Wir queren auf dem Wanderweg die Wiesen Prada-
fant, die von der Teilerrüfi begrenzt werden. Über die Brücke, die von
grossen Buchen eingerahmt wird, gelangen wir auf das Gebiet der Gemeinde *Jenins,* einem Winzerdorf, das an einem aussichtsreichen Ab-

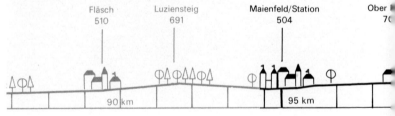

hang steht. Sehenswert sind hier die beiden sogenannten Sprecherhäuser, das obere aus dem 17. Jahrhundert, das untere war Besitz der Guler von Wyneck, die im 16. und 17. Jahrhundert in den Drei Bünden eine wichtige Rolle spielten. In Jenins bestand vor 1800 eine Nationalschule, aus welcher einflussreiche Persönlichkeiten hervorgingen. Oberhalb der Ortschaft erhebt sich die Burgruine Neu Aspermont, deren zum rätischen Adel gehörende Inhaber 1120 erstmals erwähnt werden.

Der Ort ist von Weingärten umgeben, welche den bekannten «Jeninser» liefern, einen der guten Herrschäftler Weine. Von der Strasse aus blicken wir nach Westen, wo sich der Calanda erhebt, zu seiner Linken das Churer Rheintal. Die schmale Strasse, welche Maienfeld, Jenins und Malans verbindet, wird im Herbst oft als traditionelle Wanderung begangen, wobei man den Sauser versucht. Der eventuellen Folgen wegen wird das Wegstück dann der «Kistenpass» genannt. Neuerdings hat die Wanderung von Fläsch über Maienfeld nach Malans sich einen vornehmen Namen zugelegt: Rätische Weinstrasse. Wir verlassen das Dorf in Richtung der Selfirüfi, die von den Hängen des Vilan herunterkommt, überschreiten den Bach und gelangen über die üppigen Wiesen von Neuselfi zum Buochwald. Das Strässchen führt dem Rand dieses schönen Buchenwaldes entlang und lässt stets den Blick ins Tal frei. Die beinahe bizarr aussehende Burgruine oberhalb des Waldes ist die «Winegg». Im Walde versteckt, am Rande des Ulltobels, steht die Ruine Klingenhorn.

Wie der Wald links zurückweicht, stehen wir ganz oben in *Malans,* einem Winzerdorf mit bemerkenswert günstigem Klima. Der «Malanser», der hier wächst, ist ein begehrter Wein. Der Ort ist jedoch auch wegen der vielen Obstsorten und dem Gemüse bekannt geworden. Das Klima wird vom Föhn beeinflusst, der von Westen kommt und sich hier staut. Im Herbst gilt dieser warme und trockene Wind als der «Traubenkocher». Nicht umsonst ist Malans auch schon das «Nizza Graubündens» genannt worden.

Nicht nur die Weinberge prägen die Ortschaft, wir bemerken hier einige sehenswerte Gebäude, vor allem das Schloss Bothmar, unweit des Bu-

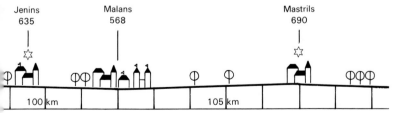

Jenins 635   Malans 568   Mastrils 690

100 km   105 km

chenwaldes. Hier verstarb 1834 der bekannte Dichter und Politiker Johann Gaudenz von Salis-Seewis. Bothmar ist ein Salis-Schloss; die Salis gehören zu den wichtigsten Familien Graubündens. Nach dem grossen Brand von 1684 wurden vor allem die mächtigen Plantahäuser wiederhergestellt, welche dem Dorf ein behäbiges Gepräge verleihen. Die Planta gehörten wie die Salis zu den ersten Familien der Drei Bünde. Sehenswert ist ebenfalls die reformierte Pfarrkirche mit den vielen interessanten Grabtafeln der alten Familien.

Kurz vor dem Bahnübergang findet sich ein Feldweg, der quer durch die Wiesen zur historischen Rohan-Schanze führt, einer Verteidigungsanlage aus dem Jahre 1635. Unweit davon führt die Tardisbrücke über den Rhein nach *Mastrils.* Nach der Brücke steigen wir empor zur unteren Kirche und wählen bei Rösli den unteren Weg, der über Isla zum Armenguot führt. Dabei folgt man dem linken Rheinufer, das keine Verbauungen aufweist und in Auen viele Pflanzen- und Tierarten aufweist. Der Weg verengt sich zu einem Pfad, bei *Friewis* beginnt ein asphaltierter Feldweg. Ein kleiner aber spitzer Hügel am Weg hat einst eine Burg oder einen Turm gleichen Namens getragen, man findet keine Spur mehr davon. Unten im Gebüsch entdeckt man jedoch letzte Reste des ehemaligen Bades Frieswis, das eine gewisse Rolle spielte. Durch die Dorfwiesen von *Untervaz* gelangen wir zu dieser geschützt liegenden Gemeinde, die sich beidseits des Consenz ausbreitet.

Bis zur grossen Zementfabrik am Rheinufer wandern wir auf der Strasse, die zum Bahnhof führt. Bei Horn, am Fuss des Fenza, halten wir rechts auf einen Feldweg, der durch die Ebene unterhalb der eindrücklichen *Burgruine Neuenburg* vorbeiführt. Die auf einem Felsvorsprung stehende Burg stammt aus dem 14. Jahrhundert. Die Ebene wird schmaler und die Kalkwände des Calanda drängen näher an den Rhein heran. Ein markierter Pfad windet sich durch Gebüsch und Wald, immer nahe am Rheinufer, Richtung Haldenstein. Es geht auf und ab, manchmal ist der schmale Weg in die Felsen eingehauen. Der Weg heisst auch «Franzosenweg», weil 1799 französische Soldaten hier durchmarschierten, der eigentliche

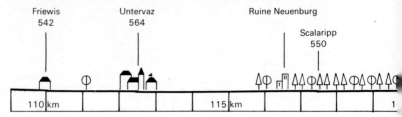

Friewis 542 Untervaz 564 Ruine Neuenburg Scalaripp 550

110 km 115 km 1

Das Weinbauerndorf Fläsch ist noch unverschandelt (Route 5)

Name ist indessen *Scalaripp.* Am Ende des romantischen Pfades erreichen wir die Ebene von Oldis und finden den Feldweg, der zur Ortschaft
Haldenstein führt. Beim vorspringenden Felsrücken, welcher die Burgruine Liechtenstein trägt (12. Jh.), erblicken wir das geschlossen gebaute
Dorf, am Fuss der Burgruine Haldenstein. Diese stammt aus dem 13. Jh.
und war Sitz der gleichnamigen Familie. Im Dorf fällt das weitläufige
Schloss Neu-Haldenstein auf, das um 1545 für den französischen Ge-
sandten in Chur erbaut wurde. Vor 1800 befand sich hier das Erziehungs-
institut Philantropin. Haldenstein war bis 1803 eine eigene kleine Repu-
blik und gehörte nicht zu den Drei Bünden.
Über die Rheinbrücke gelangen wir auf Gebiet der Stadt Chur. Dem
Rheinufer entlang führt ein vielbegangener Spazierweg bis zur Rheinstrasse, die geradeaus bis zum Stadtkern und zum Bahnhof von *Chur*
(Näheres S. 101) führt. Die Buslinie erleichtert den Zugang zur Stadt.

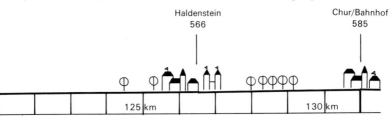

Haldenstein
566

Chur/Bahnhof
585

125 km

130 km

7 Chur–Tamins–Trin–Flims-Waldhaus

Zuerst führt die Wanderung dem Rheinlauf entlang. Hierauf steigen wir empor nach Trin, dringen in den grossen Wald ein und erreichen schliesslich Flims. In Chur beginnt das lange Teilstück unserer Route, das unter dem Namen «Senda Sursilvana» bekannt ist und von der Rhätischen Bahn, der Furka-Oberalp-Bahn sowie der PTT propagiert wird.

Route	Höhe in m	Hinweg	Rückweg
Chur/Bahnhof	585	–	5 Std. 20 Min.
Tamins	662	2 Std. 40 Min.	2 Std. 45 Min.
Trin/Digg	814	3 Std. 50 Min.	1 Std. 50 Min.
Flims/Conn	1010	5 Std. 15 Min.	35 Min.
Flims-Waldhaus/Post	1103	6 Std.	

Vom Bahnhof *Chur* (Näheres S. 101) suchen wir den Weg zum Rheindamm nach Felsberg. Wir benützen die Rheinstrasse oder gehen an der alten Kaserne vorbei. Man sollte sich aber vergewissern, ob im Schiessstand geschossen wird. Der Rheindamm führt durch die üppige Vegetation des Churer Rheintals, die nicht zuletzt vom warmen Föhn beeinflusst wird. Bei der Rheinbrücke, die auch über die N 13 führt, steigen wir eine Treppe empor und queren dann auf die linke Flussseite. Die grosse Ortschaft *Felsberg* ist in Alt- und Neu Felsberg unterteilt. Alt Felsberg mit der um 1500 erbauten Kirche wurde nach den Felsstürzen vom Calanda um 1845 gemieden und Neu Felsberg wurde im freien Feld erbaut. Die Steine der ehemaligen Burg beim alten Schulhaus wurden als Baumaterial verwendet. Von 1817 bis 1910 bestand hier eine bekannte Glockengiesserei. Am Calanda wurden während Jahren Goldbergwerke betrieben; es gibt noch Bündner Dukaten, die aus diesem Metall bestehen. Der Anbau von Reben war anfangs des Jahrhunderts aufgegeben worden, nun gibt es wieder Weinberge. Der Wein heisst in Anlehnung an frühere Betätigungen «Calandagold» und «Glockengiesser». Schon in vorgeschichtlicher

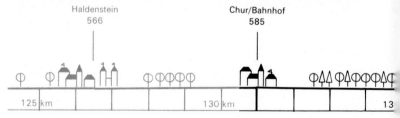

Zeit siedelten hier Leute, in Höhlen oberhalb des Dorfes fand man Gegenstände aus der Jungsteinzeit bis zur Eisenzeit.
Eine kleine und autofreie Strasse führt von Felsberg bis Tamins. Kurzweiliger ist aber der Weg abseits dieses Strässchens. Er beginnt ausserhalb der Ortschaft, steigt zum Rebgelände hinauf und durch dieses und durch den Wald Caneu zur grossen Waldlichtung Zaldei. Gegenüber liegt die grosse Ortschaft Domat/Ems mit den grossen Chemie-Werken im Westen. Dazwischen erheben sich die Hügel (Tumas genannt), die von einem vorgeschichtlichen Bergsturz stammen und später vom Rheingeschiebe umgeben wurden. Die Lichtung queren wir zur unteren linken Ecke, wo ein Pfad durch den Wald in Richtung des genannten Strässchens führt. Bevor dieses erreicht wird, wenden wir uns nach rechts und steigen neuerdings etwas empor durch Eichen- und Buchenwald. Beim Eichwald berühren wir beinahe wieder die Talsohle. Nun queren wir die Halde nach Crapnerstein, wo es wieder etwas aufwärts geht, um dann durch ein Wiesentälchen nach *Tamins* zu gelangen.
Tamins wird durch die Kirche beherrscht, die auf einem Hügel steht. Der neugotische Kirchturm (die Kirche wurde 1494 erbaut) schaut in alle Windrichtungen. Der Ort ist ein alter Kreuzungspunkt der Strassen ins Domleschg, in die Surselva, nach Chur und über Kunkels. Der Kunkelspass spielte im Mittelalter eine gewichtige Rolle. Er führte von hier zum Kloster Pfäfers und weiter nach Ragaz. Im Talgrund fliessen Vorder- und Hinterrhein zusammen, beim Zusammenfluss steht das Schloss Reichenau, das aus dem Mittelalter stammt, indessen um 1800 neu erbaut wurde. Seine Bedeutung erlangte der Sitz als Zollstelle an den Rheinbrücken. Vor 1800 bestand hier eine bekannte Erziehungsanstalt, an der für kurze Zeit der französische Thronfolger inkognito als Lehrer wirkte. 1799 kam es hier zu einer blutigen Schlacht zwischen Franzosen und Bauern aus der Surselva. Damals wurde auch das Dorf Tamins ein Raub der Flammen. Eine Zierde des Dorfes bildet das neubarocke Schloss Bass-von Tscharner, welches aus dem Jahre 1907 stammt.

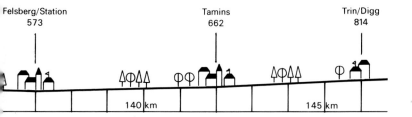

Felsberg/Station
573

Tamins
662

Trin/Digg
814

140 km

145 km

Auf der alten Kantonsstrasse wandern wir zum Lavoibach, queren die Brücke und die Strasse nach Flims. Der Wanderweg liegt unterhalb der Strasse. Ein Stück weit (bis nach Platta) müssen wir jedoch die Strasse benützen. Bei den Häusern Platta biegen wir links ab und finden den Weg, der hinter Valarauscha die Val Maliens quert und dann über Luvreu nach *Trin/Digg* führt. Hoch über uns erhebt sich die Ruine Hohentrins, die auch Canaschal heisst. Von diesem Turm (12. Jh.) aus soll die Strassenverbindung zum Lukmanier kontrolliert worden sein. Westlich von Trin, auf einem beinahe unzugänglichen Felskopf, befinden sich die Ruinen der ehemaligen Kirchenburg Sogn Barcazi, von der man vermutet, dass sie aus vorkarolingischer Zeit stamme. Trin ist ein rätoromanischer Ort, viele Einwohner sind früher in die Fremde gezogen, sie spezialisierten sich auf das Bauwesen. An vielen Orten finden wir heute Baufachleute, die aus diesem Dorf stammen.

Digg bildet eine Fraktion von Trin, früher galt der Ort als Bauerndorf, heute befassen sich nur noch wenige Leute mit der Landwirtschaft. Wir wandern durch die Siedlung mit ihren typischen Bauernhäusern und verlassen sie, um eine sehr angenehme Landschaft zu betreten. Die Gegend von Laseaz, Foppa und Sax ist von einem uralten Bergsturz gebildet worden, der in Tausenden von Jahren überwachsen wurde und nun zu einem vielbesuchten Wandergebiet geworden ist. Wir stehen am Rande des sogenannten Flimser Bergsturzes, der in einer der Zwischeneiszeiten stattfand und oberhalb des heutigen Laax einen See staute, der bis in die Gegend von Trun reichte. Mühsam bahnte sich der Rhein seinen Weg durch den Schutt und schuf die äusserst romantische Rheinschlucht, die Ruinaulta heisst. Aber noch nirgends hat man den Grund der gewaltigen Schuttmassen erreicht. An zahlreichen Orten der Wanderung erblicken wir die weissen Kalkwände, die zwischen den dunklen Wäldern des Flimser Waldes hervorleuchten. Dieser Flimser Wald bildet zudem eine geographische Grenze: er trennt die Surselva von der Sutselva (selva = Wald, Surselva heisst ob dem Wald). Der richtige Name für das Vorderrheintal vom Wald aufwärts ist «Surselva».

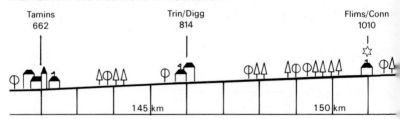

Tamins	Trin/Digg	Flims/Conn
662	814	1010

Der Wanderweg im Flimserwald (Route 7)

Der Weg senkt sich zum grossen Wiesenplateau von Trin/Mulin, wir setzen über die Brücke und steigen auf der andern Seite zu den Häusern von Pintrun hinauf. Heute ist Pintrun nicht mehr bewohnt, die Gebäude zerfallen. Weiter ansteigend treffen wir den grossen Waldweg, der hinauf nach der anmutigen Waldlichtung von *Conn* leitet, wo sich eine Wirtschaft befindet. Dort befindet sich die Stelle, wo man an den Rand der Schlucht treten kann, um zum Rhein hinunterzuschauen. Auch die 1903 eröffnete Rhätische Bahn fährt durch die Schlucht, die Strassen hingegen müssen über die Höhen, um wieder nach Ilanz hinunterzusteigen.
Von Conn bis Flims wandern wir durch einen schönen Mischwald, in den kleine Seen eingebettet sind, darunter der bekannte Caumasee, der im Spätherbst sein Wasser verliert, um im Frühling wieder auf geheimnisvolle Weise gefüllt zu werden. Vom Caumasee steigt man auf Waldwegen hinauf zu den Hotels von *Flims-Waldhaus.*

8 Flims–Falera–Ruschein

Diese Höhenwanderung, hoch über dem Vorderrhein, führt an Stellen vorbei, die wunderschöne Ausblicke auf die Gruob (mittlerer Teil der Surselva) erlauben.

Route	Höhe in m	Hinweg	Rückweg
Flims-Waldhaus/Post	1103	—	3 Std. 35 Min.
Mulania	1102	35 Min.	3 Std.
Falera/Post	1218	2 Std.	1 Std. 45 Min.
Ladir (Bual)	1276	3 Std. 20 Min.	25 Min.
Ruschein/Post	1158	3 Std. 35 Min.	—

Flims (romanisch: Flem) hat sich innerhalb von 100 Jahren vom behäbigen Bauerndorf zum grossen Kurort gewandelt. Der Ort lehnt sich an den grossen Flimserstein und bietet den Erholungssuchenden ein gutes Klima. Er teilt sich in Flims-Dorf, das heute noch teilweise bäuerlichen Charakter aufweist, und in Flims-Waldhaus, wo die Hotels und Pensionen stehen. Eine Fraktion heisst Fidaz, wo früher deutsch gesprochen wurde, jetzt ist es jedoch romanisiert. Bei Fidaz befindet sich der spitze Kegel, der einst die Burg Belmont trug. Die Herren von Belmont herrschten im Mittelalter über grosse Teile der Gruob und des Lugnez.
Beginnt man die Wanderung in Flims, sucht man – sofern man nicht die Kantonsstrasse benutzen will – einen der Wege die nach der Höhe von Staderas (1107 m) führen. Staderas bildet die höchste Stelle, die überwunden werden muss, wenn man per Wagen in die Surselva gelangen will. Hier finden wir nach wenigen Metern rechts der Strasse die Gabelung, die nach Mulania und Falera zeigt. Erst treten wir in die Schatten einer kleinen Schlucht, dann steigt man empor nach *Mulania,* wo auch die Talstation der Crap-Sogn-Gion-Bahn steht. Das einstige grüne Land ist heute zu einem Dorf mit vielen kleinen und grossen Ferienhäusern geworden, aber kaum hat man es verlassen, trifft man auf die ruhige Einsamkeit

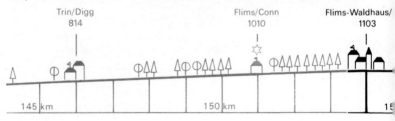

Trin/Digg 814 — Flims/Conn 1010 — Flims-Waldhaus/ 1103

145 km — 150 km — 1

des Wanderweges. Ungefähr den Seilen der Bergbahn entlang, steigt man durch die Val Buglina hinauf zur Höhe von 1222 m. Dort wendet man sich im spitzen Winkel nach links, wo der Weg nach dem Dorf Falera beginnt. An Ravaneins vorbei, wo braune Ställe und Hütten liegen, tritt man in den Wald, wo der Weg eben verläuft. Bei Val Fraissen betritt man eine Lichtung, später öffnen sich die Felder und Wiesen von Falera, wobei man, talwärts schauend, die Ortschaft Laax erblickt, die in den letzten Jahrzehnten ebenfalls zu einem beliebten Kurort geworden ist. Jahrhunderte lang bildete Laax, mit einigen andern Dörfern, eine politische Besonderheit, die unter dem Namen «Die Freien von Laax» bekannt war. Talabwärts schauend überblickt man die sonderbare Landschaft des grossen Bergsturzes mit der grössten Höhe bei Versam (Er la Cresta 1038 m). Im Wald eingebettet liegen verschiedene Lichtungen, die als Wiesland genutzt werden. Auch ganz unten am Ufer des Rheins befanden sich sogenannte Gadenstätten, diese sind im Verlaufe der letzten Jahrzehnte aufgegeben worden. Auf der rechten Flussseite liegen die Ortschaften Versam und Valendas, genau am Rande der Bergsturzmassen. Von Bonaduz herauf führt eine Strasse nach Ilanz, die teilweise in die Geschiebemassen eingeschnitten wurde. Über der rechten Talseite erhebt sich die Signinagruppe mit der Spitze des Piz Fess.
Auf den Feldern in Falera wird noch Korn angepflanzt, was auf ein gutes Klima schliessen lässt. Wir nähern uns der Ortschaft, welche den Einfluss zeigt, den die Nähe eines Kurortes ausübt. Auch das Bergbauerndorf *Falera* verliert seine ursprüngliche Eigenart, indem überall Ferienhäuser entstehen. Wenn man ausserhalb des Dorfes zum Talgrund blickt, erkennt man die alte Kirche Sogn Remigi, deren Turm aus dem 13. Jh. stammt, die Kirche wurde 1490 erbaut. Dieser Aussichtspunkt zeigt die Gruob (romanisch: Foppa), die als Mittelteil der Surselva gilt. Man schaut auf die Dörfer Castrisch und Seewis i. O. hinunter, welche durch den Glenner von der Stadt Ilanz getrennt sind. Hinter Ilanz dehnt sich ein grosses Tal mit vielen kleinen und grösseren Dörfern aus, das Lugnez. Bei der grossen Gabelung in der Mitte des Tals zweigt die Strasse nach Vals ab, das

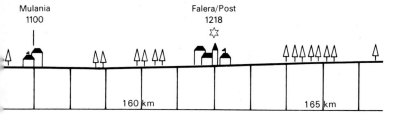

Mulania
1100

Falera/Post
1218

160 km   165 km

durch seine Mineralquelle bekannt wurde. Über Ilanz erhebt sich der 2064 m hohe Piz Mundau, welcher seiner Aussicht wegen die Bündner Rigi genannt wird.

Wir verlassen Falera und steigen etwas aufwärts gegen die Val da Cafegns, die sich vom Crest da Tiarms herunterzieht. Bei gutem Wetter ist dieses Wasser recht zahm, bei Gewittern kann es viel Unheil stiften. Auch der Steg, den wir durch den Wald erreichen, ist verschiedentlich weggerissen worden. Hinter dem Steg steigt man etwas steiler zu den Maiensässen Laneras empor; der Waldweg endet in der Val da Cafegns, hier beginnt ein guter Pfad. Erst queren wir ein kurzes Waldstück, dann breiten sich die Wiesen Prau Davon aus, und im Hintergrund erhebt sich der Waldrücken Bual. Den Bual lassen wir linkerhand und steigen nun zum Dörfchen *Ladir* ab, das in der sonnigsten Lage liegt und eine recht imposante Barockkirche aus dem Jahre 1705 (Turm 1900) besitzt. Der Ort ist alt, denn er wird bereits im Jahre 831 erwähnt.

Ruschein liegt 120 m tiefer als Ladir, der Abstieg erfolgt auf der Strasse, welche nicht sehr viel Verkehr aufweist. Von Ruschein fährt das Postauto nach Ilanz, es besteht die Gelegenheit, die erste Stadt am Rhein zu besuchen.

Die beeindruckenden Kalkwände der Rhein- ▷
schlucht zwischen Reichenau und Sagogn
(Route 7)

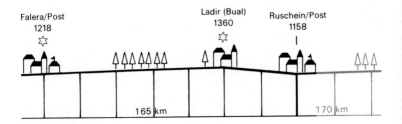

Falera/Post
1218

Ladir (Bual)
1360

Ruschein/Post
1158

165 km

170 km

9   Ruschein – Panix – Breil / Brigels

Über die Terrassen an den Sonnenhängen des Vorderrheins führt die
Wanderung zu interessanten Bauerndörfern, wobei wir immer wieder von
landschaftlichen Schönheiten überrascht werden.

Route	Höhe in m	Hinweg	Rückweg
Ruschein / Post	1158	–	4 Std. 25 Min.
Siat	1296	50 Min.	3 Std. 45 Min.
Darpagaus	1511	1 Std. 40 Min.	3 Std. 10 Min.
Pigniu / Panix	1301	2 Std. 20 Min.	2 Std. 20 Min.
Andiast	1185	3 Std. 20 Min.	1 Std. 15 Min.
Breil / Brigels / Post	1289	4 Std. 45 Min.	–

Wie Ladir, wird auch *Ruschein* bereits im Jahre 831 erwähnt, als Besitz
des Klosters Pfäfers. Die Kirche stammt zum Teil aus dem Jahre 1496, der
Turm aus dem 13. Jh. Unweit der Kirche, im Lärchenwald, entdecken wir
die Ruinen der Burg Frauenberg. Zu der Familie der Besitzer gehörte der
Minnesänger Heinrich von Frauenberg, welcher um 1315 auf der Burg
Gutenberg in Liechtenstein verstarb. Ruschein ist jedoch viel früher besiedelt gewesen, denn Schalensteine auf der Kuppe mit Kirche und Burgruine erzählen von Leuten, die lange vor Christi Geburt hier gelebt haben.
In der St. Valentins-Kapelle im Dorf entspringt eine Quelle, die mit einem
prähistorischen Wasserkultus in Verbindung gebracht wird.
Nachdem wir die Kuppe mit ihrer grossartigen Aussicht verlassen haben,
queren wir die Wiese Sur Punts zum Strässchen, das zur Val da Siat
führt. Bald betreten wir einen dichten Bergwald mit interessanter Vegetation. Dann hören wir den Bach Ual da Siat rauschen, der mit seinen Was-
serfällen eine romantische Atmosphäre verbreitet. Auf der gegenüberliegenden Bachseite steht die alte Mühle Mulin Siat, die heute Ferienhaus
ist.
Am Bach geht der Fahrweg in einen Pfad über, der kurz durch Wald,

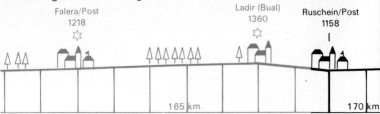

dann über Wiesland recht steil zur Kapelle Sogn Glieci hinaufsteigt. Das kleine Gotteshaus steht wahrscheinlich auf einer vorrömischen Opferstätte und bildet einen schönen Aussichtspunkt. Sogn Glieci (Sankt Luzius) ist der legendäre rätische Missionar, der schon in den ersten Jahrhunderten unserer Zeitrechnung in diesen Tälern predigte. Er soll über die «Luzien»-steig nach Rätien gekommen sein.

Sogn Glieci steht etwas ausserhalb des Dorfes *Siat*. In wenigen Minuten haben wir den Dorfplatz erreicht, wo die schöne St. Florinuskirche steht, ein Barockbau aus dem Jahre 1743. Auch der Heilige Florinus war ein Bündner und darf nicht mit dem Florian verwechselt werden. Auf dem felsigen Hügel neben dem Dorf erheben sich die Reste der ehemaligen Burg Friberg, die verschiedenen Besitzern gehörte, darunter auch den Zollern aus Deutschland.

Oben bei den letzten braunen Häusern verlassen wir Siat und wandern auf gutem Feldweg durch Wiesen, Wälder und Maiensässen zur grossen Terrasse von *Darpagaus,* die als Aussichtspunkt gilt und einen ausgezeichneten Ausblick auf das gegenüberliegende Obersaxen gewährt. In der romanischen Surselva gilt Obersaxen als deutschsprechende Enklave. Darpagaus ist mit über 1500 m der höchste Punkt dieser Wanderung, hier beginnt der Weg zu fallen, um durch abwechslungsreiches Gelände die Strasse nach *Pigniu/Panix* zu erreichen. Bereits erblicken wir das interessante Dörfchen, inmitten der Wiesen, ein typisches Bündner Bauerndorf, das auch Ausgangspunkt zum ehemals recht bedeutenden Panixerpass ist. Die Urkunden über diesen Pass reichen bis zum Jahr 1303 zurück, es war besonders der Viehhandel mit Glarus, der sich hier abwickelte. Im Oktober 1799 stieg der russische General Suworow mit einer Armee von Elm über den Pass zum Vorderrhein, wobei er viele Leute verlor. Eine Erinnerungstafel an einem Wohnhaus weist auf diesen historischen Heereszug hin. Die kleine Kirche St. Valentin ist mit ihren gotischen Masswerkfenstern sehenswert.

Um nach Andiast zu gelangen steigen wir kurz nach den letzten Häusern durch die Erlen zum Bach Schmuer hinunter, setzen über die Brücke und

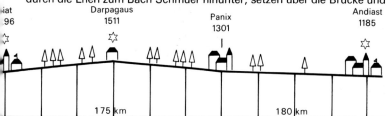

finden den Pfad, der zu den Wiesen vor dem Dorfe führt. Leicht abwärts wandernd gelangen wir nach *Andiast,* ein an sonniger Halde liegendes, charakteristisches Strassendorf. Bemerkenswert sind die nach Süden gerichteten Häuser, sehr viele aus Holz gebaut. Die Pfarrkirche St. Julitta ist zwar 1707 im barocken Stil erbaut worden, die unteren Teile des Turmes stammen indessen aus der Zeit vor 1100.

Wir verlassen das Dorf und wandern auf der Landstrasse dem Hang entlang hinunter zur Val Mulin. Gleich bei der Talstation des *Skilifts* wenden wir uns nach rechts, überschreiten den Bach Ual da Foppas und stehen dann bei den gleichmässigen Wiesen von Migliè. Nach rund 250 m verlassen wir das Fahrsträsschen, wiederum links, und folgen dem Wiesenpfad, der in Richtung Breil führt. Beim kleinen Stausee erblickt man die Ortschaft Breil/Brigels, die in einer Mulde liegt. Von besagter Seilbahnstation aus kann man auch über den Waldrücken, der sich zwischen Tälchen und Haupttal erhebt, nach Breil gelangen. Dazu ist es nötig, dass wir bis zur Ortschaft Waltensburg absteigen. Dieses lange und behäbige Strassendorf ist vor allem sehenswürdig, weil in der reformierten Kirche die aus der Zeit um 1330 stammenden Wandbilder des sogenannten «Waltensburger Meisters» zu sehen sind, die europäische Bedeutung haben. Ausserhalb des Dorfes stehen die imponierenden Ruinen der einstigen Burg Munt Sogn Gieri (Jörgenburg); der Name des Heiligen Georg und die Kirchenruine auf dem Burgareal deuten darauf hin, dass es sich um ein Kirchenkastell gehandelt haben muss.

Ganz oben im Dorf folgt man zunächst dem Strässchen nach Breil, wendet sich dann nach rechts, wo ein Waldweg zum Waldrücken emporführt. Im Walde Flanz zeigt ein Wegweiser zum nahe gelegenen Aussichtspunkt. Ein Feldweg führt von Flanz direkt nach *Breil/Brigels.*

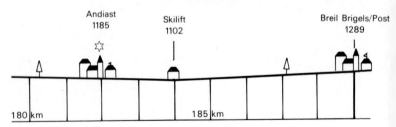

Breil/Brigels ist als alte Siedlung der Surselva bekannt. Auf dem Hügel im Hintergrund die Kirche von Sogn Sievi (Routen 9/10)

Andiast 1185

Skilift 1102

Breil Brigels/Post 1289

180 km   185 km

10   Breil/Brigels – Schlans – Sogn Benedetg – Disentis/Mustér

Den Terrassen am Berghang entlang führt der Wanderweg weit über den Vorderrhein dahin, wobei man verschiedentlich die wasserreichen Seitenbäche queren muss. Die Wanderung selbst ist sehr interessant und erlaubt auch einen genauen Einblick auf die gegenüberliegende Talseite.

Route	Höhe in m	Hinweg	Rückweg
Breil/Brigels/Post	1289	—	7 Std. 35 Min.
Capeder	1047	1 Std.	6 Std. 25 Min.
Schlans	1146	1 Std. 30 Min.	6 Std.
Caltgadira	1000	2 Std. 45 Min.	4 Std. 40 Min.
Sogn Benedetg	1274	4 Std. 40 Min.	3 Std.
Val Russein	1032	6 Std. 20 Min.	1 Std. 10 Min.
Disentis/Muster/Bahnhof	1133	7 Std. 30 Min.	—

Der Reisende, welcher per Bahn oder mit dem Auto in die Surselva fährt, sieht kaum etwas vom aufstrebenden Kurort *Breil/Brigels,* der auf fast 1300 m über dem Talfluss liegt und sich zudem in einer leichten Mulde versteckt. Schon 765 ist der Ort geschichtlich belegt, das eigentliche Alter ist bedeutend höher. Der Ortsname ist keltischen Ursprungs. Wie an verschiedenen Orten der Umgebung, werden Kelten, wegen des guten Klimas, diese Mulde zu einer Siedlung gewählt haben. Bei der weissen Kapelle Sogn Sievi (St. Eusebius), welche den Hintergrund des Dorfbildes prägt, lassen Mauerreste ahnen, dass hier vorchristliche Bauten standen. Das Kirchlein, eine sogenannte Saalkirche ohne Chor, stammt aus dem frühen Mittelalter, der Turm aus der Zeit um 1100. Ein Yvo-Strigel-Altar von 1486 bereichert das Gotteshaus. Ebenfalls sehenswert sind die Pfarrkirche Santa Maria und die Kapelle Sogn Martin, wie das Gasthaus Fausta Capaul, wo zahlreiche prominente Gäste abstiegen. Breil gilt als eines der Zentren der Cadi und unter den früheren Einwohnern findet

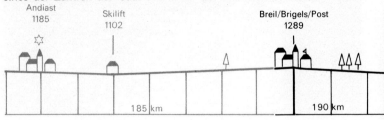

man einflussreiche Politiker, Militärs, Dichter und Schriftsteller. Von Breil aus führt der Kistenpass hinüber nach Linthal.

Wir verlassen das Dorf im Westen, dort wo die Kapelle Sogn Giacun steht, um nach Schlans zu gelangen. Zur trockenen Jahreszeit wird man den Weg über Grep da Plaids und Pradas wählen, ein romantischer Waldweg, der bis zu einer Höhe von 1550 m emporführt, um dann den Alpweg ganz oben in den Maiensässen Pradas zu erreichen. Über diesen steigen wir zum Dorf Schlans hinunter. Im oberen Teil des Baches Val Plaunca kann es unter Umständen nass sein, so dass man mit Vorteil die Route über den Weiler Capeder wählt, die wesentlich tiefer liegt. Dazu steigen wir kurz nach der Kapelle Sogn Giacun hinunter in die Val Cuschina, welche recht steil zur Kantonsstrasse nach Breil/Brigels führt. 250 m benützen wir diese, um dann rechts nach dem Weilern Casu, Capaul und Capeder abzuzweigen. In *Capeder* treffen wir auf die Lokalstrasse, die wenig Verkehr aufweist und leicht aufwärts nach *Schlans* führt.

Der Ort wird vom Burgturm Schlans überragt, der um 1200 erbaut wurde. Interessant ist auch die Kirche Sogn Gieri (St. Georg), deren Turm aus dem 11. Jh. stammt. Es ist ein Bauerndorf romanischer Prägung, das an aussichtsreicher Lage steht. Das wird nach Verlassen der letzten Häusergruppe, im oberen Ortsteil, eindrücklich, wenn man das ganze Tal überschaut. Das Gebiet von Breil/Brigels aufwärts bis zum Oberalppass nennt sich Cadi, was Gotteshaus heisst und auf das Kloster Disentis Bezug nimmt. Das Weiterwandern muss nun genau den Wegweisern der Senda Sursilvana entlang erfolgen. Wir folgen dem Waldweg bis dort, wo ein Weg zu den Maiensässen Prau Liung führt, queren diese Wiesen und steigen dann durch das Gebüsch zum Bach Val Sinzera hinunter. Hier queren wir das Wasser und folgen weiterhin den Markierungen, welche zur Häusergruppe *Cartatscha* weisen. Dort finden wir den Weg, der zum Ausgang der grossen Val Punteglias führt, wo im 19. Jh. Eisenerz gewonnen wurde. Oben in der Val Punteglias steht die Puntegliashütte SAC, Ausgangspunkt für die Besteigung des Tödi.

Wir queren den Bach Ferrera und finden den Pfad, der durch Wiesen und

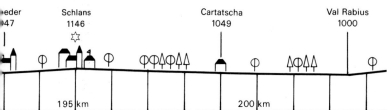

Büsche bis oberhalb des Wallfahrtsortes *Caltgadira* führt. Von dort herauf zieht sich ein Waldweg, dem wir nun über Val Campliun und Planatsch folgen. Nach rund 200 m zweigt links ein Pfad ab, der bei den Gebäuden von Bardigliun, am Waldrand, endet. Wir stehen nun nahe der Val Rabius, finden den Übergang und steigen jenseits durch ein Wäldchen empor zu den vereinzelten Gebäuden von Campieschas, wo eine kleine Kapelle steht. Der nächste Bach heisst Val Luven, wo wir auf der andern Seite die Wiesenterrasse Casialas betreten. Über diese gelangen wir zum Bergdorf *Sogn Benedetg,* wo am Dorfende die gleichnamige Kapelle steht, die 1150 für eine Beginen-Niederlassung erbaut wurde. Die Kapelle, die durch einen Mauerkeil gegen Lawinen geschützt wird, birgt im Innern bemerkenswerte Wandmalereien aus der Zeit um 1440.
Nun wird es notwendig, bis zur grossen Kehre dem Strässchen nach Somvix zu folgen. Wenn man die Höhe erreicht, erblickt man unten das Dorf Somvix mit dem weithin sichtbaren Glockenturm aus dem Jahre 1633. Rückwärts blickend sehen wir Trun, die Ortschaft, die wir beinahe gestreift hätten. In Trun wurde 1424 der Graue Bund beschworen, woran die St. Anna-Kapelle und der berühmte «Ahorn» erinnern.
Bei besagter grossen Kehre wenden wir uns wieder aufwärts und gelangen auf dem Strässchen zum Weiler Clavadi, der an den steilen Hang angeklebt scheint. Es ist aber eine ausgeprägte Terrasse, der wir nun folgen. Bald tritt der Weg in den Wald ein, und bei Con da Vitg bietet sich eine romantische Szenerie dar. Dann wird der Pfad schmaler und führt abwärts zu den Maiensässen Barcuns Dado, die bereits zum ausgedehnten Seitental Russein gehören. Wir wollen den Weg im Talgrund erreichen und müssen deshalb talwärts, bis wir diesen antreffen. Im spitzen Winkel drehen wir uns in Richtung des Wasserlaufes und erreichen nach knapp 1,5 km die Drei Brücken über den *Russein-Bach.* Diese Brücken, «Treispunts» genannt, bilden gleichzeitig drei Generationen des Brückenbaus: die Holzbrücke des 19. Jh., die Steinbrücke und die Betonbrücke.
Gleich nach den Brücken überschreiten wir die Geleise der RhB und steigen nach Madernal hinunter, wo wir den Weiterweg nach Disla vorfin-

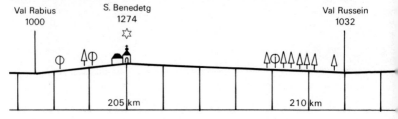

Val Rabius	S. Benedetg	Val Russein
1000	1274	1032

205 km 210 km

Die Kapelle Sogn Benedetg oberhalb Somvix enthält mittelalterliche Fresken. Ein Mauerkeil schützt sie vor Lawinen (Route 10)

den. Im oberen Ortsteil steht die achteckige barocke Kapelle St. Luzius; wir begeben uns jedoch von den untersten Häusern hinunter zum Rheinufer und folgen diesem zur Brücke von Brulf. Von dort steigen wir in zwei Kehren hinauf zum Klosterdorf *Disentis/Mustér.* (Näheres S. 102.) Der erste Eindruck: eine mächtige Fassade, rechts von zwei Türmen überragt.

Disentis/Bahnhof
1133

Acletta/Sta Maria

Mompé-Tujetsch
1390

215 km

220 km

11 Disentis/Mustér–Sedrun–Oberalppass

Die obersten Teile des Vorderrheintals werden von Wiesen und Weiden, jedoch auch von ausgedehnten Waldungen geprägt. Diese Wanderung führt bis hinauf zur alpinen Passregion, wo sie das Einzugsgebiet des Rheins verlässt.

Route	Höhe in m	Hinweg	Rückweg
Disentis/Mustér/Bahnhof	1133	–	6 Std.
Mompé-Tujetsch	1390	1 Std. 25 Min.	4 Std. 50 Min.
Sedrun	1404	2 Std. 30 Min.	3 Std. 45 Min.
Liets	1790	4 Std. 10 Min.	2 Std. 30 Min.
Milez	1876	5 Std. 15 Min.	1 Std. 25 Min.
Pass Tiarms	2148	6 Std. 25 Min.	25 Min.
Oberalppass/Station	2033	6 Std. 45 Min.	–

Vom Bahnhof in *Disentis* (Näheres S. 102) steigen wir an der Pfarrkirche vorbei hinauf zur Kantonsstrasse und wandern auf dieser rund 500 m bis über die Brücke im Weiler Funs. Dort erblicken wir neben der Talstation der Seilbahn nach Caischavedera auch die weiter oben liegende Kapelle von *Acletta.* Um diese zu erreichen, begeben wir uns etwas aufwärts, wo wir einen Weg finden, der Acletta bei den obersten Häusern berührt. Neben den alten und sonnenbraunen Bauernhäusern haben sich unterhalb des Ortes grosse Mehrfamilien-Ferienhäuser angesiedelt, die einen seltsamen Kontrast zum alten Dorf bilden. Sehenswert ist jedoch die Kapelle Santa Maria, die aus dem Jahre 1670 stammt und einen wertvollen Altar enthält. Dieser besitzt als Mittelbild ein Werk des Mailänder Meisters Carlo Nuvolone, die Unbefleckte Empfängnis darstellend.
Bei den letzten Häusern verlassen wir Acletta, um über den Feldweg nach Plauns jenen zu finden, der vom Weiler Cuoz nach Segnes führt. Dem Bachrand der Val Segnes aufwärts folgend kommen wir zum Dorfteil Peisel, von wo aus das Strässchen nach Segnes führt. Unterhalb des Dorf-

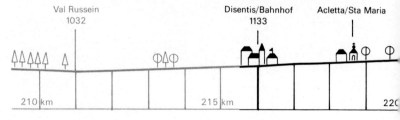

Val Russein
1032

Disentis/Bahnhof
1133

Acletta/Sta Maria

210 km   215 km   22

platzes zweigt ein Weg in die Wiesen ab, über welchen wir Tguinter erreichen und dann, aufwärts steigend, auch die kleine Ortschaft *Mompé-
Tujetsch* und die mitten drin stehende Kapelle, welche dem Heiligen Nikolaus gewidmet ist. Mompé-Tujetsch gehört bereits der obersten Talstufe
der Cadi an. Es ist, wie viele andere Orte, ein Bauerndorf. Heute wird hier
in der Hauptsache Viehzucht betrieben, früher wurde noch Korn angepflanzt. Davon künden die Kornhisten, die entweder an der Front der
Heuställe angebracht sind oder frei auf der Wiese stehen. Hier wurde das
Korn zum Reifen aufgehängt, denn auf dem Acker konnte dieser Zustand
nicht erreicht werden. Die Kornhisten sind am Verschwinden, denn Brot
und Mehl werden im Laden gekauft.
Über die Terrasse von Mompé-Tujetsch steigen wir leicht in Richtung der
Geleise der Furka–Oberalp-Bahn, wobei hier ein Weg beginnt, der parallel
mit der Bahn bis zum nächsten Weiler, Bugnei, führt. Auf der gegenüberliegenden Talseite schaut man in die Val Nalps, wo eine riesige Staumauer
das Wasser zurückhält, das unweit davon in einer unterirdischen Zentrale
genutzt wird. In Stollen fliesst das Wasser bis zum zu Breil/Brigels gehö-
renden Tavanasa, wo eine weitere EW-Zentrale steht.
Hinter Bugnei queren wir den Bach Drun da Bugnei, überschreiten die
Bahngeleise und erreichen *Sedrun,* den Hauptort des Tavetsch. Das Tavetsch setzt sich aus vielen Fraktionen zusammen, die sich von Mompé-
Tujetsch bis nach Tschamutt ausdehnen. Zum Tavetsch gehören eine
ganze Zahl von Seitentälern, die im Süden, mit Ausnahme der Val Mai-
ghels, mit Stauseen versehen sind. Nach Norden ist vor allem die Val
Strem zu nennen, wo im Hintergrund der Chrüzlipass ins Maderanertal
(Uri) führt. Sedrun und die umliegenden Weiler sind zu ansehnlichen Kur-
orten geworden, wo im Winter Skisport betrieben wird, im Sommer
Berg- und Wandersport. In der Pfarrkirche von Sedrun, die einen romanischen Glockenturm besitzt, bewundern wir drei barocke Hochaltare aus
der Werkstatt Ritz in Selkingen (Goms). Der Haustyp des Tavetsch gehört
zum sogenannten Gotthardhaus und besteht aus Holz. Im 13. Jh. wan-
derten deutschsprechende Siedler aus dem Oberwallis ins Tavetsch, wor-

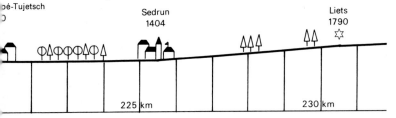

pé-Tujetsch   Sedrun   Liets
)   1404   1790

225 km   230 km

an viele deutschtönende Familiennamen, aber auch Flurnamen erinnern. Diese Leute wurden von den Rätoromanen assimiliert.
Wir verlassen Sedrun beim Bahnhof, folgen der Strasse, die zur Brücke über die Val Strem führt und steigen, nachdem wir diese gequert haben, durch die Wiesen hinauf zum Waldrand Sum Praus. In dem kleinen Tal wenden wir uns zum Uaul Flurin, wo uns ein romantisches Waldstück aufnimmt, das wir erst beim Talausgang der Val Milà verlassen. Etwas unter uns sehen wir die alten Maiensässe von Milà, wir wandern jedoch noch rund 600 m taleinwärts, wo ein Steg über das Wasser führt. Über Viehpfade führt der Weg empor zum obersten Teil des Wäldchens Uaul Pigniel, dann steigen wir etwas abwärts zum Bachübergang Val Pulanera. Jenseits geht es wieder aufwärts, wobei wir eine sehr reiche Flora betrachten. So erreichen wir den eigenartigen Kamm *Plan Liets* (Liets = kleine Seen), wo man eine gute Rundsicht über die Talstufe hat. Der Pfad senkt sich zusehends, zuletzt etwas steiler, zum Bach Aua da Val Giuv, um auf der andern Seite nach *Milez* aufzusteigen, einem Weiler, der im Winter vom Skifahren profitiert.
In Milez beginnt ein ausserordentlich schöner Weg, der hoch über die Dörfer Selva und Tschamutt dahinführt und uns ins Tälchen Val Val bringt. Ist der Weg bis dahin eben und leicht gewesen, wird er in Val Val beim Emporsteigen zum Pass Tiarms wiederum steiler. Wer eine grossartige Rundsicht über das Gebiet des Oberalppasses geniessen will, der steigt vom *Pass Tiarms* zum nahen Calmot hinauf, wobei er entweder zum Pass zurücksteigen kann oder auf direktem Weg zum Oberalppass hinunter gelangt. Am Pass Tiarms beginnt ein guter Fahrweg, der bis zur Passhöhe der *Oberalp* führt. Dort liegt auch die Bahnstation der FO.

Das Benediktinerkloster prägt das Orts-   ▷
bild von Disentis/Mustér (Routen 10/11)

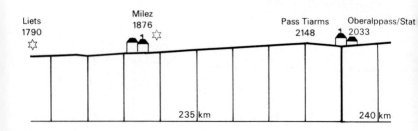

| Liets | Milez | | Pass Tiarms | Oberalppass/Stat |
| 1790 | 1876 | | 2148 | 2033 |

235 km   240 km

12   Oberalppass – Andermatt – Furkapass

Diese Wanderung, die weitgehend in der alpinen Region ihren Verlauf nimmt, quert eines der interessantesten Täler des Alpenmassivs. Es ist die grosse Kreuzungsstelle zwischen Nord und Süd mit Ost und West. Die Flussläufe, die in dieser Landschaft ihren Ursprung haben, fliessen nach vier Himmelsrichtungen.

Route	Höhe in m	Hinweg	Rückweg
Oberalppass/Station	2033	—	8 Std. 15 Min.
Andermatt/Bahnhof	1436	2 Std. 10 Min.	5 Std. 40 Min.
Lutersee	1976	4 Std. 45 Min.	3 Std. 45 Min.
Lochberg	2053	6 Std.	2 Std. 30 Min.
Tiefenbach	2106	7 Std. 20 Min.	1 Std. 10 Min.
Furkapass/Post	2431	8 Std. 50 Min.	—

Der *Oberalppass,* welcher den Vorderrhein mit dem Urserental verbindet, ist schon sehr früh begangen worden, indessen nicht um zum Reusstal zu gelangen, sondern nach «Ursera» (Andermatt), wie es in der Cadi heute noch heisst. Die Wanderung von Pass zu Pass beginnen wir bei den Hospizen, wo die Kantonsgrenzen liegen und wo der kleine Oberalpsee beginnt. Der Wanderweg lehnt sich ans rechte Ufer und verläuft ausserhalb der grossen Lawinengalerie, welche Eisenbahn und Passstrasse schützt.

Rechts geht es hinauf zum Schneehühnerstock, an dessen Ostseite die Fellilücke nach Gurtnellen ins Reusstal führt. Am Seende erinnern Ruinenreste an die Lawinenkatastrophe von 1951, als diese Hotel und Bahnstation zerstörte. Der Blick nach Westen reicht bis zum Furkapass; eindrücklich erscheint die Bergkette, die Urseren vom Göschener Tal trennt, mit dem Mittagstock im Zentrum.

Zunächst ist der Pass beinahe eben und, sofern wir nicht die Strasse zum Wandern benutzen, tun wir es über die Weiden «Zu den Staflen». Kurz

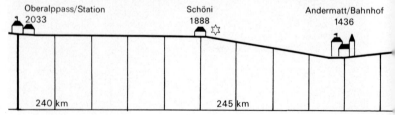

vor den Gebäuden *Schöni* begeben wir uns unterhalb der Bahngeleise, und bei Rufenen beginnt der eigentliche Abstieg nach Andermatt. Es handelt sich um eine Abkürzung der Passstrasse, die teilweise recht steil zu dieser Ortschaft führt. Das Dorf *Andermatt* mit seinen zahlreichen Hotels und Gasthöfen wird gequert und dort, wo die Lokalstrasse die Umfahrungsstrasse kreuzt, überschreiten wir die Reussbrücke. Der Weg führt quer durch die Ebene nach Mülibach, um dort den Aufstieg nach Rotboden zu beginnen. Den Hang taleinwärts ansteigend, bei Trog steiler werdend, erreichen wir die grosse Terrasse, die von der Schöllenen bis nach Tiefenbach reicht. Die Wanderung hoch über dem Urserental ist ein Ereignis besonderer Art. Der Blick reicht zurück zum Oberalppass, dringt hinein in das Unteralptal, gegenüber zieht sich die Gotthardstrasse dem Pass entgegen und darüber erheben sich die vielen Gipfel, die zum Gotthardmassiv gehören. Der Weg verläuft im wesentlichen horizontal, er schmiegt sich jedoch dem Gelände an und immer wieder gilt es, kleine Gegensteigungen zu bewältigen. Die Landschaft wird durch einige Seelein bereichert, wir begegnen dem *Lutersee* und dem Blauseeli. Unten in der Talsohle liegt das Dorf Realp, wo die Furka-Oberalp-Bahn in Zukunft in den Tunnel verschwinden wird, welcher bis Oberwald im Goms reicht. In Realp beginnt auch die Furkastrasse anzusteigen, die wir auf unserem Wanderweg in Tiefenbach erreichen.

Nach dem Blauseeli und den Hängen von Lipferstein wird die Gegend lebendiger. Wir sehen uns gezwungen etwas abzusteigen, um den Übergang über den Lochbergbach zu finden, welcher vom Tiefengletscher herunterfliesst. Hinter diesem Bach ist es notwendig, an der *Lochbergegg* emporzusteigen, so dass man die leicht ausgeprägte Terrasse von Tätsch gewinnt. Über diese und den Weiler Matten treffen wir auf den zur Albert-Heim-Hütte SAC führenden Hüttenweg. Über einige Kehren gelangen wir zur Strasse, die dem Furkapass zustrebt, gleich bei den Häusern von *Tiefenbach*. Die fünf Kilometer bis zum *Furkapass* müssen wir auf der Strasse zurücklegen, es kann hier kein Wanderweg angelegt werden.

Lutersee
1976
☆

Lochberg
2053

255 km   260 km

Wer auf die Höhenwanderung über dem Urserental verzichten will, kann von Andermatt aus dem Ufer der Reuss folgen und bis Realp auf dem Talboden verbleiben. Von Realp steigt er dann, kurze Strecken die Strasse benützend, empor nach Tiefenbach.

Im Frühsommer kann der Furkapass noch weitgehend schneebedeckt sein, auch die Weiterwanderung nach Oberwald ist dann unmöglich. In diesem Fall besteht die Möglichkeit, einen Postkurs bis Gletsch zu benützen oder mit der Eisenbahn durch den Tunnel zu fahren.

Ungefähr in der Mitte der Fernwanderung ▷
befindet sich der Oberalpsee, an welchem die
Furka-Oberalp-Bahn entlangfährt. Im Hintergrund der Pass Tiarms (Routen 11/12)

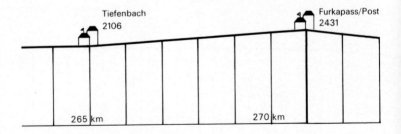

Tiefenbach
2106

Furkapass/Post
2431

265 km

270 km

13 Furkapass-Oberwald-Reckingen-Ernen

Die grossartige und abwechslungsreiche Wanderung beginnt im Hochalpengebiet des Furkapasses, senkt sich zur grünen Landschaft des Obergoms und führt der jungen Rhone entlang bis Ernen, an vielen schönen Dörfern vorbei.

Route	Höhe in m	Hinweg	Rückweg
Furkapass/Post	2431	—	11 Std.
Oberwald	1366	3 Std. 25 Min.	6 Std. 40 Min.
Münster	1359	5 Std. 40 Min.	4 Std. 25 Min.
Reckingen	1355	6 Std. 40 Min.	3 Std. 25 Min.
Steinhaus	1269	9 Std. 10 Min.	1 Std.
Ernen/Station	1196	10 Std.	

Seit jeher hat der *Furkapass* auf den Beschauer einen tiefen Eindruck hinterlassen. Diese alpine Landschaft ist einzigartig und ihr Bild beinahe weltbekannt. Der Blick von der Passhöhe aus reicht zurück über das Urserental zum Oberalppass und nach vorn über das Goms hinaus zu den Viertausendern der Walliser Alpen. Dazwischen dehnt sich die Landschaft um Gletsch aus, ein Talkessel mit einer sehr interessanten Vegetation. Von Gletsch empor steigt die Grimselstrasse in vielen Kehren, die Hauptsehenswürdigkeit dieser Umgebung ist vorerst verdeckt: der Rhonegletscher. Später wird auch dieser sichtbar. Bereits beim Ausgangspunkt ist unser Weg ersichtlich, unsere Route führt nicht hinunter nach Gletsch, sondern umwandert den Bidmer, um von dort direkt nach Oberwald zu gelangen.

Zunächst steigt der Weg am Westhang des Gratschliecht leicht an, streift dann den Fuss des Muttgletschers, um schliesslich zur Senke hinüberzuleiten, die zum kleinen Tälchen führt. Über Lenges steigt man erst leicht, dann steiler ab, um bei Gand durch die Alpenerlen von Rufene nach dem

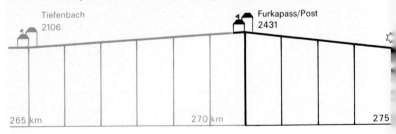

Tiefenbach
2106

Furkapass/Post
2431

265 km   270 km   275

Weiler *Geren* abzusteigen, wo eine St. Bartholomäus-Kapelle steht. Wir befinden uns im äusseren Teil des Gerentals und finden nun ein Strässchen, das hinaus nach Unterwassern und *Oberwald* führt. Hier machen wir erstmals Bekanntschaft mit der Walliser Bauweise, denn beidseits der Strasse stehen die braungebrannten Holzhäuser und Ställe. Wir betrachten die sogenannten Mäuseplatten, die zwischen den Pfosten liegen und den Nagetieren den Zugang zu den Vorräten verwehren, dann die Blocktreppen und die häufig vorkommenden Heiligenbilder, die Haus und Hof schützen sollen. In Oberwald beginnt die Furkastrasse in Richtung Gletsch zu steigen, wir haben diese beim Abstieg nach Geren beobachtet, wie auch den bekannten schönen Wald, durch welchen sie hindurchführt.

In Oberwald beginnt auch der Furka-Eisenbahntunnel nach Realp und hier befindet sich die Autoverlade-Anlage. Das ganze Obergoms ist lawinengefährdet, das zeigt bereits die Kirche zum Hl. Kreuz in Oberwald, welche einen keilförmigen Lawinenbrecher besitzt. Im Innern des Gotteshauses finden wir eine üppige Barockausstattung.

In Oberwald beginnt der bekannte «Rottenweg», der besonders von der Furka-Oberalp-Bahn gefördert wird und auf der linken Seite der Rhone bis nach Ernen verläuft. Ein Prospekt gibt alle nötigen Informationen zu diesem reizvollen Wanderweg, der zwischen blumenreichen Wiesen und schattigen Wäldern wechselt. Dabei besteht die Möglichkeit, die urchigen und typischen Dörfer des Goms zu besichtigen, die von dieser Talseite aus leicht erreichbar sind. Der Rottenweg – im Oberwallis heisst die Rhone Rotten – beginnt unweit der Brücke in Oberwald und verläuft zunächst geradeaus bis in Sichtweite des Dorfes Obergesteln. Dieser Name wird vom lateinischen castellum abgeleitet, reicht also in römische Zeit zurück. Im Gegensatz zu den andern Dörfern des Goms ist Obergesteln weitgehend aus Stein gebaut; nach dem Dorfbrand von 1868 wurde die Holzbauweise aufgegeben. Sehenswert ist die Pfarrkirche St. Martin.

Der Weg verläuft nun dem Berghang entlang und führt zum Ausgang des

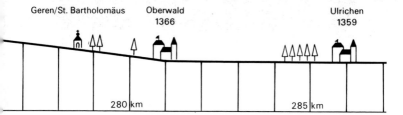

Geren/St. Bartholomäus   Oberwald
                            1366

Ulrichen
1359

280 km   285 km

Agenetals, der Zum Loch heisst. Der Rhone gegenüber liegt die Ortschaft *Ulrichen,* die Ausgangspunkt zum Nufenenpass ist, welcher nach Airolo führt. Die Strasse steigt durch das Agenetal hinauf. Ulrichen ist ein charakteristisches Haufendorf, in der Umgebung bemerkt man die vielen äusserst kleinen Äcker und Wiesen, die oft nur wenige Aren umfassen. Bei Zum Loch überschreiten wir die Strasse und folgen dem Ufer des Baches Agene bis zum Steg, der zum Gelände von Wichel führt. Auf der Wanderung voller Abwechslung, zwischen Rhone und Berghang, gelangen wir zur Brücke, die nach Geschinen, aber auch nach Münster führt. Gleich nach Überschreiten der Brücke folgen wir dem Feldweg, welcher durch das Wiesengelände zum Hauptort des Obergoms, *Münster,* leitet.

Münster wartet mit einer grossen Zahl sehr interessanter Bauten im Walliser Baustil auf, von den kleinen Speichern bis zum behäbigen Pfarrhaus mit dem Ortsmuseum. Prunkstück des Ortes ist die Pfarrkirche Santa Maria, ein eindrücklicher Bau mit überschäumender Barockausstattung und einem bedeutenden Hochaltar aus gotischer Zeit, der vom Luzerner Jörg Keller stammt. Erwähnenswert ist auch die Kapelle St. Peter, die vielleicht einstmals Pfarrkirche war.

Dem Münstigerbach entlang verlassen wir Münster, queren die Bahn, um über Felder die Brücke über die Rhone zu erreichen. Wiederum folgen wir der linken Rhoneseite und erreichen die Häuser von Überrotte, das zu *Reckingen* gehört. Wir unterlassen es nicht, über die gedeckte Holzbrücke zu steigen, um diese sehenswerte Ortschaft zu besichtigen, vor allem die Kirche Geburt Maria, die als glanzvolle Architekturschöpfung des Barock erwähnt wird, und das Taffinerhaus, ein mächtiges Gommerhaus aus dem Jahre 1665.

Wieder auf die linke Flussseite gelangt, finden wir, dass Berghang und Rhone enger aneinandergerückt sind. Bei Ritzibrigge besteht die Möglichkeit nach Ritzingen hinüberzusteigen, wo die Muttergotteskapelle im Ritzingerfeld als Sehenswürdigkeit gilt. Weiter der Rhone entlang gelangen wir zu den Brücken, die nach Biel und nach Selkingen führen. Der Wanderweg führt indessen daran vorbei. Wir erreichen die malerische

Ulrichen	Münster	Reckingen
1359	1359	1355

| | | 290 km | | | 295 km | |

Im Goms trifft man allerorten die typischen Ställe aus Holz, wie hier in Oberwald (Route 13)

Siedlung Bodme, von wo aus wir hinüber nach Blitzingen steigen können, der Heimat des Hotelkönigs Alexander Seiler, das 1932 beinahe vollständig niederbrannte. Ebenfalls bemerkenswert ist Niederwald, sowohl das Dorfbild mit vielen charaktervollen Häusern, wie die Pfarrkirche St. Theodul mit ihrer reichen Barockausstattung.

Das Tal ist unterdessen enger geworden, die Rhone fliesst schneller. Der Weg steigt allmählich den Berghang hinauf und quert verschiedene tiefeingeschnittene Bäche. Die Landschaft ist jedoch weiterhin reizvoll und nach dem Rufibach erreichen wir *Steinhaus,* den ersten Ort links der Rhone. Hier wird der Weg zum Strässchen, das nach Mühlebach führt, der Heimat des berühmten Schweizer Kardinals Schiner.

Durch eine talförmige Mulde, links am Galgenhügel von Ernen mit seinen drei Steinsäulen vorbei, gelangen wir nach dem bekannten und behäbigen Dorf *Ernen* (Näheres S. 102), wo auch der Rottenweg mit seiner genauen Markierung zu Ende geht.

Steinhaus
1269

Ernen/Post
1196

300 km

305 km

14   Ernen–Grengiols–Bister–Termen–Brig

Auf dieser Wanderung behalten wir die linke Seite der Rhone bei, folgen
den kleinen Ortschaften auf der ausgedehnten Terrasse am Fusse von
Breithorn und Bättlihorn, und erreichen durch reizvolle Landschaft Termen und Brig.

Route	Höhe in m	Hinweg	Rückweg
Ernen/Station	1196	—	6 Std.
Grengiols	1040	2 Std.	3 Std. 50 Min.
Bister	1060	2 Std. 40 Min.	3 Std. 10 Min.
Mörel	759	3 Std. 20 Min.	2 Std. 15 Min.
Termen	920	4 Std. 35 Min.	1 Std. 10 Min.
Brig/Bahnhof	678	5 Std. 25 Min.	—

Von *Ernen* (Näheres S. 102) können wir problemlos auf der Talstrasse zum
Binntal marschieren, denn kein starker Verkehr wird uns stören. Wir müssen die grosse Richtungsänderung oberhalb der Wiesen von Binnachra
gewinnen, um dort die *Binna* zu überschreiten. Es ist auch möglich, auf
dem parallel oberhalb der Strasse verlaufenden Weg in die Gegend von
Binnegga und Am Wasen zu gelangen, wo der Wegweiser erst nach
Sengg, dann nach Hockmatta zeigt. Diesem Weg folgen wir über Wies-
land und Gebüsch und erreichen in der tief eingeschnittenen Schlucht der
Binna das Brücklein, welches zum Weg nach Hockmatta führt. Der Pfad
durch den dichten Laubwald setzt sich jenseits des Steges fort und steigt
recht steil zur kleinen Häusergruppe hinauf. Unterwegs schaut man in
Richtung des abgelegenen Binntals, welches ausserordentlich schöne
Landschaften aufweist, alte Bauernhäuser zeigt und besonders bei den
Strahlern bekannt ist.
In Hockmatta beginnt ein Fahrweg, der nun, mehr oder weniger horizon-
tal, bis Bister führt. Links reichen die steilen Waldungen gegen das Breithorn hinauf, rechts von der Terrasse fällt es, ebenfalls steil, hinunter zur

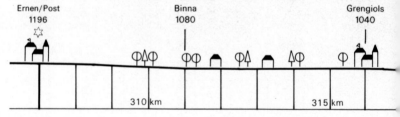

Ernen/Post   Binna   Grengiols
1196   1080   1040

310 km   315 km

Binna, später zur Rhone. Auf der ausgedehnten Terrasse gelangen wir
über Ried und Viertel nach Bächerhyschere, wo der nun zur Strasse ge-
wordene Weg in das Tobel des Milibachs eindringt, um auf der anderen
Seite das zu *Grengiols* gehörende Oberdorf zu erreichen. In der 1913 erbauten Pfarrkirche St. Peter von Grengiols stehen vier Rokoko-Altäre.
Von Oberdorf besteht die Gelegenheit, über die Strasse zur Bahnstation
abzusteigen. Wir setzen die Wanderung fort, indem wir auf der Lokalstrasse in Richtung Zen Hyschere marschieren. Die vielen kleinen Orte
lassen erkennen, dass die Walliser nicht überall in geschlossenen Haufen-
dörfern wohnen, sondern oft auch in dezentralisierten Höfen. Das bringt
es mit sich, dass man zahlreichen Kapellen begegnet, die meistens aus
der baufreudigen Barockzeit stammen. Dem Wanderfreudigen bilden sie
eine kulturelle Abwechslung, denn sie beleben nicht nur die Landschaft,
sondern zeigen auch die religiöse Bindung der Bewohner an den Glauben. Zen Hyschere besitzt eine solche, in der zweiten Hälfte des 17. Jh. erbaute Kapelle, mit einem Glockenjoch und einem beachtlichen Barockal-
tar im Innern.
Zwischen Zen Hyscheren und *Bister,* das am Ende der grossen Terrasse
liegt, führt wiederum ein Feldweg weiter, denn Bister ist mit einer eigenen Strasse mit dem Talgrund verbunden. Westlich dieses Ortes hat sich
der Gifrischgrabe tief in die Nordflanke des Bättlihorns eingegraben. Es
wäre möglich, auf recht unwegsamen Pfaden dieses Hindernis zu bewältigen, unser Weg führt jedoch hinunter zum Talboden. Dazu brauchen wir
nicht der Strasse zu folgen, vom Dorf führt eine Abkürzung bis gegen
Mörel hinunter. Unterwegs betrachten wir die gegenüberliegende Talseite, die von den Dörfern Ried, Goppisberg und Betten geprägt ist. Die
verschiedenen Seilbahnen, die über diese Orte emporführen, zeigen, dass
der Tourismus auf der Rieder- und Bettmeralp mehr und mehr an Bedeutung gewinnt. Der Norden wird vom Eggishorn abgeschlossen, wohin
ebenfalls eine Seilbahn führt, die von Fiesch hinauffährt.
Kurz vor *Mörel,* von wo die Seilbahn zur Riederalp fährt, steigen wir über
die Brücke, um durch das Dorf bis unterhalb des Baches zu marschieren,

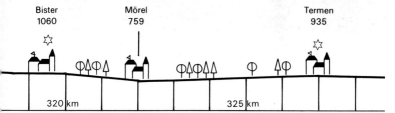

Bister   Mörel   Termen
1060   759   935

320 km   325 km

wo wir links schwenken, um das Rhoneufer zu erreichen. Beim Kraftwerk queren wir die Brücke und folgen nun dem Wanderweg, der etwas oberhalb des Flusses dahinführt und, nachdem er den Tunnetschgrabe gequert hat, steil zu den Wiesen von Raft hinaufführt. Dort gewinnt man die Terrasse, welche die Gegend oberhalb von Brig beherrscht und die behäbigen Ortschaften Termen und Ried aufweist. Die Wanderung von Raft über Lochholz und Salzgäbe zeigt, dass die geschützte Lage bereits eine geänderte Vegetation hervorbringt, welche bereits die Gegend des unteren Wallis ahnen lässt.

Durch das anmutige Gelände erreichen wir *Termen,* ein schönes und guterhaltenes Dorf, das sich besonders durch seinen Dorfplatz auszeichnet. Am Dorfende steht die eindrucksvolle neuromanische Dorfkirche, die aus dem Jahre 1912 stammt. Zuerst über die Strasse, dann einem Flurweg entlang, gelangen wir über Undri-Biela leicht absteigend nach *Brig.*

Brig ist der Hauptort des deutschsprachigen Wallis und wird auch als Drehscheibe des Kantons bezeichnet, weil das Tal hier von der Lötschberg-Simplon-Linie gekreuzt wird.

Bezeichnend für den Ort ist der aus dem 17. Jh. stammende Stockalperpalast mit seinen Zwiebeltürmen. In der Altstadt entdeckt man zahlreiche Sehenswürdigkeiten. In Brig beginnt die neuausgebaute Simplonstrasse, die nach Domodossola in Italien führt!

Glanzvolle Barockarchitektur im Goms: ▷
die Pfarrkirche in Reckingen (Route 13)

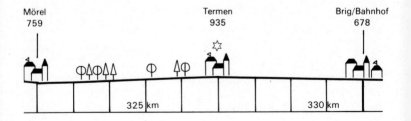

15   Brig–Lalden–Hohtenn–Gampel

Die Lötschberg-Südrampe gehört zu den berühmten Höhenwegen unseres Landes. Die Wanderung von Brig nach Gampel, weitgehend in der Nähe des BLS-Trassees, ist voller landschaftlicher Schönheiten.

Route	Höhe in m	Hinweg	Rückweg
Brig/Bahnhof	678	—	7 Std. 50 Min.
Brigerbad	655	1 Std. 30 Min.	6 Std. 20 Min.
Lalden/Station	801	2 Std.	6 Std.
Eggerberg/Station	853	2 Std. 40 Min.	5 Std. 15 Min.
Ausserberg/Station	932	4 Std. 15 Min.	3 Std. 45 Min.
Hohtenn/Station	1060	6 Std. 50 Min.	1 Std. 25 Min.
Gampel-Steg/Station	632	7 Std. 45 Min.	—

Ausgangspunkt für die Wanderung ist der Bahnhof in *Brig.* Wir steigen über die Brücke hinter den Geleisen und wenden uns nach links, um dem Rhoneufer entlang bis zum Brigerbad zu wandern. Unterwegs stellen wir fest, dass sich der Charakter der Landschaft weitgehend verändert hat, die Tannenwälder sind verschwunden und ein ausgesprochenes Trockengebiet bietet sich uns dar. Die eigentümlichen Pflanzen, die auf trockener Erde gedeihen, herrschen vor. Die ersten kleinen Rebberge erscheinen zunächst nur an gut geschützten Lagen. Kurz vor den Badeanlagen, dort wo die Bergwand zurückweicht und die kleine Ebene beginnt, wenden wir uns über die Wiesen und erreichen das Thermalschwimmbad, das als grösstes Freiluft-Thermalschwimmbad der Schweiz gilt. Dieses liefert ein wertvolles Mineralwasser, das gegen zahlreiche Leiden angewendet wird. Eine Strasse führt vom Bad bis zur kleinen Ortschaft *Brigerbad,* wo eine barocke Kapelle steht. Hinten im Dorf steigt ein Weg bergan, welcher durch eine Mulde zur Eisenbahnlinie emporführt. Hier beginnt die eigentliche Wanderung über die Lötschberg-Südrampe, die weitherum bekannt geworden und heute durchgehend sehr gut markiert ist.

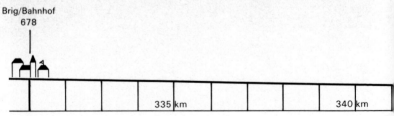

Brig/Bahnhof
678

335 km   340 km

Die Wanderung, die bis zur Station Hohtenn und dann hinunter nach Gampel führt, folgt unweit der Bahngeleise, mitten durch die eigenartige Vegetation. Wir kommen an der Station *Lalden* vorbei, wo sich die Strasse vom Talgrund heraufzieht, später wechseln wir auf die obere Seite der Geleise. Wir begegnen den Gebäudegruppen Zum Stadel und Halta und erreichen dann *Eggerberg,* eine verstreute Berggemeinde, die teilweise in einer recht ausgesprochenen Hanglage liegt.

Die Eisenbahn fährt durch einen Tunnel zur Brücke über den Baltschiederbach, wir umgehen den Bergvorsprung. Bevor wir uns dem Baltschiedertal zuwenden, blicken wir über das Tal hinweg, wo Visp liegt, mit seinem historischen Teil und den riesigen Fabrikarealen im Vordergrund. Hinter Visp öffnet sich das Vispertal, welches sich bei Stalden in das Saasertal und das Mattertal teilt, wobei zwischen den beiden Tälern die Gipfel der Mischabelgruppe leuchten. Wir streben in das Baltschiedertal hinein bis zum Steg, auf dem wir über den Bach gelangen, dann steigen wir in Kehren hinauf nach Geissbalma, von wo aus wir über das reizvolle Gelände die weitgestreute Ortschaft *Ausserberg* mit ihrem Schwerpunkt Trogdorf erreichen. Die verschiedenen Ortsteile liegen alle oberhalb der Bahn. Wir verlassen die Häusergruppe Bigstatt, um über Pletscha neuerdings einen Bergvorsprung zu umgehen, welcher zum kleinen Tälchen Maachi weist. Durch die Birken und Espen schauen wir auf das idyllische St. German hinunter, das von Weinbergen umgeben ist. Unweit dahinter erhebt sich der sagenumwobene Heidnischbiel, der mit einem grossen Kreuz gekrönt ist.

Aus dem Maachi wird das Wasser zu einer der bekannten Walliser Wasserleitungen abgeleitet, den «Heiligen Wassern», wie sie auch genannt werden. Bereits im Baltschiedertal haben wir solche Leitungen beobachtet, nun folgen wir der Bisse Manera bis nach Riedgarto, wo der Weg um das Vorgebirge in das Bietschtal führt. Unweit der Wasserleitung wandern wir durch den Wald, queren die Eisenbahnbrücke und erreichen den Steg über den Bietschbach. Dann steigen wir empor und gelangen talauswärts zur *Rarnerchumma.* Rarnerchumma ist ein beinahe ausgestor-

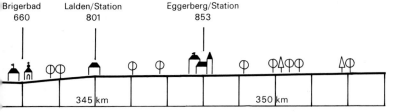

Der berühmte, aus dem 17. Jh. stammende Stockalper Palast in Brig (Routen 14/15)

bener und von der modernen Zeit unberührter Weiler, der unterhalb der Wanderroute liegt. Von unserem Standort aus blicken wir nun hinab zum Dorf und zum Burghügel von Raron. Der Ort besass in früheren Jahrhunderten grosse Bedeutung; auf dem Burghügel liess der Walliser Kardinal Schiner 1512 eine spätgotische Kirche bauen. Auf dem Friedhof, hoch über der Rhone-Ebene, liegt der 1926 verstorbene Dichter Rilke begraben. Unterhalb der Bahnlinie verlaufend führt der Weg in leichtem Auf und Ab zur Station *Hohtenn.* Vorher bewundern wir die Brückenkonstruktion des Luogelkinviadukts der BLS. Bei der Bahnstation beginnt der Abstieg nach Gampel, nicht der Strasse entlang, sondern auf Abkürzungen. Vom Wanderweg aus haben wir eine herrliche Aussicht auf das Rhonetal. Der Blick reicht westwärts bis zum Illgraben und gegenüber auf das Ergischhorn mit den darunterliegenden grossen Waldungen. In *Gampel* erreichen wir die Talsohle.

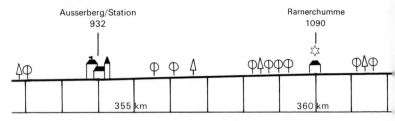

16   Gampel-Leuk-Sierre

Die Wanderung von Gampel bis Sierre führt vom deutschsprachigen Kantonsteil zu den französischsprechenden Wallisern. Sie quert den weiterhum bekannten Pfynwald mit seiner reichhaltigen und interessanten Vegetation.

Route	Höhe in m	Hinweg	Rückweg
Gampel-Steg/Station	632	—	4 Std. 50 Min.
Leuk/Station	623	2 Std. 10 Min.	2 Std. 45 Min.
Pfafforetsee	559	3 Std. 25 Min.	1 Std. 20 Min.
Sierre/Bahnhof	534	4 Std. 45 Min.	—

In *Gampel* überschreiten wir Rhone und Lonza, die aus dem Lötschental fliesst. Die Rhone ist durch die vielen Zuflüsse zum Strom geworden, der ruhig durch die Landschaft dahinzieht. Unser Weg folgt dem Damm, so dass wir bis Sierre ganz nahe am Wasser bleiben, nur bei Niedergampel müssen wir bei der Mündung des Tschingel etwas ausweichen. Uns gegenüber liegt Turtmann und dahinter das enge und wilde Turtmanntal. Die rechte, oft felsige Talseite drängt sich der Rhone entgegen, so dass bei der Einmündung des Feschilju einzig ein schmaler Engpass übrigbleibt. Oberhalb der Platten, so nennt sich die Wand, befindet sich die Terrasse mit den Dörfern Erschmatt, Feschel und Guttet. Bei der kleinen Ebene Rufi entdecken wir, dass jede geeignete Stelle bereits für den Rebbau benutzt wird. Über die Blagghalde gelangen wir zu den Brücken, die Leuk mit Susten verbinden.

Rechts oberhalb des Wanderweges liegt das alte Städtchen *Leuk,* das durch seine Sehenswürdigkeiten bekannt ist. Der Ort, über der Mündung der Dala gelegen, die vom Balmhorn und vom Gemmipass herunterfliesst, steht in beherrschender Lage und verkörpert ein Stück Walliser Geschichte. Bemerkenswert sind der ehemalige Turm der Viztume, der heute zum Rathaus geworden ist, das ehemalige bischöfliche Schloss

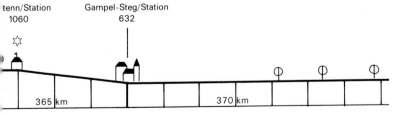

tenn/Station   Gampel-Steg/Station
1060   632

365 km   370 km

(erstmals erwähnt 1254), die katholische Pfarrkirche St. Stephan (1219) und die Herrenhäuser de Werra und Zen Ruffinen. Die Ringackerkapelle auf der Geländeterrasse südlich der Stadt wird als prächtigster Barockbau des Wallis bezeichnet.

Unser Weiterweg verläuft nun links von der Rhone. Über die Brücke gelangen wir nach Susten, wo am Westrand des Ortes der Illgraben eine eindrückliche Grenze bildet. Dieser gewaltige Abriss beginnt am Illhorn und zieht sich bis zur Rhone hin, welche durch die Schuttablagerung ganz an die gegenüberliegende Talseite gedrängt wird. Das grosse Delta, das bis in die Gegend vor Sierre reicht, wird heute vom Pfynwald bedeckt, einer der bemerkenswertesten Landschaften unseres Landes. Auf dem steinigen Untergrund gedeihen zahlreiche Pflanzen, die sich sonst nur in den Bergen des Mittelmeerraumes heimisch fühlen. Der Wald ist von Föhren geprägt, jenen Bäumen, die trockenen Boden bevorzugen. Sogar Zikaden und Gottesanbeterinnen sind in diesem südlichen Winkel zu Hause.

Bei Susten wird die Rhone gestaut, um in Chippis den Strom für die Aluminiumfabrikation zu liefern. Ein Wasserkanal führt frei durch den Wald, dem wir nun folgen, nachdem wir rund 400 m über die Kantonsstrasse marschiert sind und uns nach links gewendet haben. Der Feldweg folgt dem Oberwasserkanal durch den interessanten Wald, bis wir das Wiesland erreichen, das sich vom unteren Pfynwald heraufzieht. Hier verschwindet das Wasser in einem Stollen, indessen führt ein Weg auf seiner Höhe weiter dem Berghang entlang. Vom Weg aus erblicken wir in der Nähe der Talstrasse, nahe dem Waldrand, das aus weissem Marmor geschaffene Pfyndenkmal, das an die Kämpfe mit den Franzosen im Jahre 1799 erinnert.

Wo die Talstrasse aus dem Wiesland langsam ansteigt, liegt ein Campingplatz; hier verlassen wir den ebenen Weg am Berghang und steigen zur Strasse hinunter. Wir folgen ihr bis zur Höhe, wo rechts ein Weg in den unteren Pfynwald einbiegt. Dieser Weg führt uns bis in die Nähe von Sierre. Der Pfynwald besitzt jedoch noch ein Naturwunder, das man sich nicht

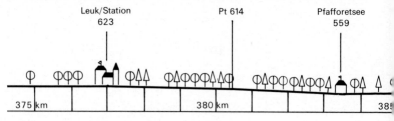

Leuk/Station
623

Pt 614

Pfafforetsee
559

375 km   380 km   38!

Föhren lieben die trockene Erde des Pfynwaldes (Route 16)

entgehen lassen sollte: die darin versteckten und geschützten Seen, welche wir auf einem kleinen Umweg erreichen können. Steigen wir vom horizontalen Weg zur Strasse hinunter und überschreiten diese, erblicken wir gleich am Waldrand eine Gaststätte. An dieser und an einem Campingplatz vorbei gelangen wir rasch zum *Pfafforetsee* und zum Rosensee und weiteren kleinen Weihern, die im Schilf eingebettet sind. Die sehr artenreiche Vegetation (Wasserpflanzen) und die interessante Tierwelt entschädigen für den Umweg. Um zur Wanderroute zurückzugelangen, umschreiten wir den im Walde sich erhebenden Hügel Perischuhubil und folgen nun dem Weg durch den Forêt de Finges, durch die Reste eines alten Bergsturzgebietes, worin weitere stille Weiher eingebettet sind. Über die Kämme erreichen wir den grossen Campingplatz von *Sierre,* in dessen Nähe uns die Rhonebrücke in die Stadt führt.

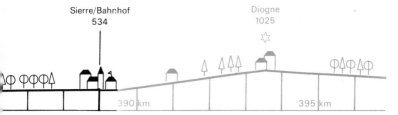

17   Sierre–Diogne–St-Léonard–Sion

Weitgehend zwischen Weinbergen verlaufend, zeigt uns diese Wanderung die reiche Vegetation des Wallis. Sie steigt hinauf in die Region der Wiesen und fällt wiederum bis zur Talsohle, so dass man allen Aspekten dieser abwechslungsreichen Region begegnet.

Route	Höhe in m	Hinweg	Rückweg
Sierre/Bahnhof	534	—	5 Std. 25 Min.
Diogne	1023	1 Std. 50 Min.	4 Std. 10 Min.
St-Léonard	505	4 Std.	1 Std. 35 Min.
Molignon	616	4 Std. 40 Min.	1 Std.
Sion/Bahnhof	491	5 Std. 30 Min.	—

Sierre verlassen wir im Westen, dort wo der Bach Bonne Eau in einem Kanal verläuft. Unweit der Brücke über die Hauptstrasse finden wir einen Weg, der quer durch das Rebgelände zum Ort Corin-d'en Bas führt, das am Abhang mitten in den Weinbergen liegt. Bis nach der Kirche benützen wir die Strasse, dort finden wir leicht einen etwas steilen Rebweg, der im Wald oberhalb seine Fortsetzung findet. Im Zickzack durch den Tannenwald aufsteigend, erreichen wir erst das Wiesengelände und dann die Häuser von *Diogne,* das immerhin 500 m höher als die Talsohle liegt. Es ist ein einfaches Dorf mit einigen altertümlichen Häusern.
Diogne ist mit einem Strässchen, dem wir folgen, mit der Strasse nach Montana verbunden. Nachdem wir zu dieser abgestiegen sind, benutzen wir sie rund 200 m, um dann linkerhand einen Weg zu finden, der durch Wiesen und einen Wald zur Strasse hinführt, die Lens mit der Bahnstation verbindet. Bei der zweiten grossen Kurve unterhalb Lens führt ein Weglein geradeaus nach *Chelin* hinunter, das oberhalb der grossen Rebberge liegt. Zentrum der kleinen Region ist das behäbige Lens, das unweit oberhalb steht und eine geräumige Kirche aus dem Jahre 1843 mit einem älteren robusten Glockenturm aufweist. Weithin sichtbar ist die

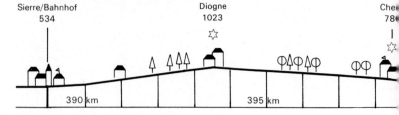

Sierre/Bahnhof   Diogne   Che
534   1023   78

390 km   395 km

grosse, auf dem Châtelard stehende Christ-König-Statue, in deren Innerem eine Treppe hinaufführt und von wo aus man eine grossartige Aussicht geniesst.
Um den Seitenfluss La Liène zu überschreiten ist es notwendig, bis zur Ortschäft St-Léonard hinunterzusteigen. Von Chelin aus führt zwischen dem Waldrand und den Rebbergen ein Weg geradeaus, dem wir bis zum vorspringenden Bergrücken des Monturban folgen.
Vom Monturban führt uns ein Weg durch die Rebberge zu dem in Sichtweite liegenden *St-Léonard.* Wir erreichen den Ort in seinem obersten Teil, steigen über die nächste Brücke, von wo aus ein Strässchen in Richtung Signèse hinaufführt. St-Léonard ist bekannt für seine ausgedehnten Obstkulturen. 1943 wurde hier ein grosser unterirdischer See entdeckt, der heute öffentlich besichtigt werden kann.
Der Aufstieg nach Signèse erfolgt zunächst am Rande der Schlucht der Liène. Wir erreichen das Plateau Plan Signèse. Durch dieses Rebgelände führen heute asphaltierte Rebwege, es ist jedoch durchaus möglich, den ehemaligen Bisse, den Wasserleitungen, entlangzugehen, welche der Bewässerung der Rebstöcke dienten. Heute tun dies weitgehend die modernen Berieselungsanlagen. Auf dem Plan Signèse ist es die Bisse de Clavau, welche die Richtung angibt. Das Rebgelände ist so kostbar, dass keine Dörfer entstehen konnten. Die grössere Ortschaft Grimisuat liegt auf der nächsthöheren Terrasse, wo kein Wein mehr wächst. Oberhalb von *Molignon* führt unser Weg vorbei und erreicht den ausgeprägten Bergrücken, der sich zwischen der Ortschaft Champlan und der Rhone erhebt. Es ist einfacher über diesen Ort nach Sion abzusteigen. Interessanter ist es aber, weiter durch die Reben zu wandern, wobei wir den obersten Teil des Rebberges wählen, so dass wir kurz vor den Häusern Le Mont den Rebweg finden, der uns nach *Sion* (Näheres S. 103) hinunterführt. Schon von weitem sind uns die zwei eindrücklichen Felshügel aufgefallen, einer mit der Bischofskirche Valeria, der andere mit den Ruinen der Tourbillon gekrönt.

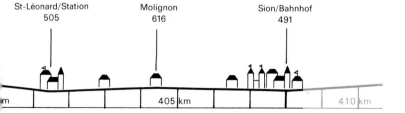

St-Léonard/Station
505

Molignon
616

Sion/Bahnhof
491

405 km

410 km

18   Sion–Leytron–Martigny

Wir wandern durch die fruchtbarste Gegend des Kantons Wallis, marschieren dem Ufer der Rhone entlang, dringen hinauf in die ausgedehnten Weinberge und schauen uns ein altes Städtchen an. Die Winzerdörfer verbreiten eine eigenartig ruhige Atmosphäre.

Route	Höhe in m	Hinweg	Rückweg
Sion/Bahnhof	491	–	8 Std. 30 Min.
Pont de la Morge	502	1 Std. 40 Min.	6 Std. 50 Min.
Leytron	501	4 Std. 30 Min.	4 Std.
Fully	466	7 Std.	1 Std. 30 Min.
Martigny/Bahnhof	467	8 Std. 30 Min.	–

Im Westen von *Sion* (Näheres S. 103) erhebt sich der Bergrücken Mont d'Orge, über den wir die Wanderung beginnen wollen. In der oberen Stadt streben wir nach Westen, so dass wir zum kleinen See Lac du Mont d'Orge gelangen. Dieser liegt reizvoll in einer Mulde, die von Reben eingeschlossen ist. Dem Südrand entlang führt ein Weg geradeaus, dann ansteigend zum Kamm des Berges, der einst heiss umkämpft war. Die Burg, die an der höchsten Stelle stand, wurde im Mittelalter dem Bischof entrissen und von den Savoyarden zerstört, aufgebaut und wieder zerstört. Ein nicht minder abwechslungsreiches Schicksal erlebte das Château de la Soie, das rund 1,5 km nördlich, ebenfalls auf einem Bergrücken, liegt. Vom *Mont d'Orge* schauen wir hinunter auf das fruchtbare Gebiet von Conthey, das geschützt an der Morge liegt und neben Wein viel Obst und Gemüse produziert. Im Ortsteil Plan Conthey haben bereits die Römer gesiedelt; hier steht eine interessante, aus dem 17. Jh. stammende Kirche mit Rundkuppel sowie verschiedene alte Häuser und ehemalige Burgen, die teilweise an die Zeit erinnern, da zwischen dem Bischof und den Herzögen von Savoyen Zwist herrschte.
Über den Kamm des Mont d'Orge führt ein Weg hinunter nach *Pont de la*

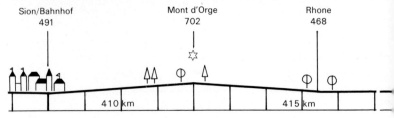

Morge. Zunächst links, dann rechts der Morge folgend, queren wir die Kantonsstrasse und folgen weiter dem Bachlauf, bis wir zur Rhone gelangen. Nun beginnt eine Wanderung am Flussufer, die bis zur Einmündung des Baches La Losentse führt. Da kein durchgehender Wanderweg über Ardon und Chamoson führt, ist es angezeigt, diese Route zu wählen, zumal die Abwechslung interessant ist. Bei diesem Marsch, leider auf asphaltiertem Weg, können wir die ausgedehnten Obst und Gemüsekulturen bewundern, für die das Wallis weiterum bekannt ist. Der Ortschaft Riddes gegenüber, nach der Mündung der La Losentse, führen Strasse und Feldwege in Richtung des Weindorfes *Leytron,* das zwei Kirchtürme hat, einer um 1900, der andere im 15. Jh. erbaut. Die Hänge oberhalb Leytron sind mit Reben bepflanzt, im Talboden erblicken wir grosse Kulturen, wo Obst und Gemüse wachsen.

Die wenigen Kilometer von Leytron nach Saillon legen wir auf der Lokalstrasse zurück, die wenig Verkehr aufweist. Sobald wir den Bach La Salentse überschritten haben, erscheint vor unseren Augen das romantisch gelegene Städtchen Saillon, ein Bild wie aus einem Märchen. Das Strässchen, das zum Hügel hinaufsteigt, dringt durch ein Stadttor. Winklige und verschachtelte Häuser lassen erkennen, dass sie teilweise in der einstigen Stadtmauer eingebaut worden waren. Über alledem erhebt sich stolz die Tour de Bayart, welche dem ganzen ihr Gepräge verleiht. Saillon betrachten viele als eines der besterhaltenen mittelalterlichen Burgstädtchen der Schweiz, was durch die Hügellage noch malerisch unterstrichen wird. Der kreisrunde Bergfried, den die Savoyer erbauen liessen, stammt aus dem Jahre 1261.

Wir verlassen Saillon durch das Südtor, steigen den Burghügel hinunter, wobei kurz nach dem Hügel ein Weg nach La Sarvaz beginnt, welcher dort seine Fortsetzung zum Dorf *Mazembroz* findet. Er führt immer dem Berghang entlang, wobei einige Stellen nicht untereinander verbunden sind. Dann stösst man bis zur Strasse vor, folgt dieser ins Dorf hinein, ein einfaches und ruhiges Winzerdorf, das einen gewissen Wohlstand erkennen lässt. Nach Sax und Châtaignier benützen wir weiterhin die Strasse,

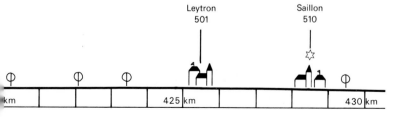

dort steigen wir durch das Dorf hinauf und finden den Weiterweg durch die Reben zur Kraftwerkzentrale Fully. Unterhalb dem Gebäude durch finden wir den Durchschlupf über den Bach, und dann steht *Fully* vor uns. Fully ist eine Gemeinde, welche verschiedene behäbige Weinbauerndörfer umfasst. Der Ort besitzt eine mächtige dreischiffige Hallenkirche aus dem Jahre 1934, welche monumentale Wandmalereien enthält.

Vom Ortsteil La Fontaine führt ein Weg talauswärts, über den man in die Weinberge gelangt. Oberhalb La Forêt beginnt ein Weg, der das Rebgelände quert und nach dem am Hang liegenden *Branson* führt. Branson, wie weitere Orte dieser Gegend, sind sogenannte Temporärsiedlungen, wo die Leute nur während der Zeit der dringlichen Arbeiten wohnen. Von Branson führt eine 2,5 km lange Strasse nach *Martigny.*

Das Städtchen Saillon mit seinen Stadt- ▷
mauern und Toren wird von der Tour de
Bayart überragt (Route 18)

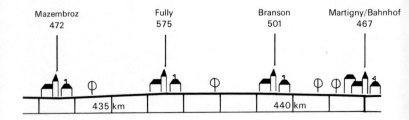

Mazembroz
472

Fully
575

Branson
501

Martigny/Bahnhof
467

435 km   440 km

19   Martigny–Dorénaz–Lavey–Bex

Nach dem grossen Rhone-Knie beginnt eine Wanderung, die rechts des Flusses verläuft und durch verschieden geartete Landschaften führt, von der trockenen Erde des Ban de Branson zu den Auen um Lavey und weiter zur anmutigen Umgebung von Bex.

Route	Höhe in m	Hinweg	Rückweg
Martigny/Bahnhof	467	—	5 Std. 25 Min.
Dorénaz	453	1 Std. 45 Min.	3 Std. 40 Min.
Lavey les Bains	417	3 Std. 40 Min.	1 Std. 45 Min.
Le Châtel	516	5 Std.	35 Min.
Bex/Place du Marché	427	5 Std. 25 Min.	—

Von *Martigny* gehen wir den Weg zurück und über die Brücke nach Branson. Gleich hinter der Brücke wenden wir uns nach links, wo die Strasse nach Dorénaz ihren Anfang nimmt. An den Hängen des Ban de Branson breiten sich noch Weinberge aus, aber gleich nach dem grossen Rhone-Knie ändert sich die Vegetation: hier ist es trocken und unfruchtbar. Die Strasse führt der Rhone entlang und ist asphaltiert, seitlich gibt es indessen einige Fischerpfade, die begangen werden können. Auf der Höhe des gegenüberliegenden Vernayaz können wir die Schlucht des Le Trient betrachten, mit dem berühmten Wasserfall Pissevache, der besonders zur wasserreichen Zeit eindrücklich ist.

Der Ausläufer des Berges Sex Carro engt die Strasse zwischen Rhone und Hang ein, aber nur kurzfristig, denn gleich öffnet sich das Gelände zu einer schönen Ebene, an deren Anfang die Ortschaft *Dorénaz* liegt. Es ist ein Bauerndorf, das wir durchschreiten, um auf einem Feldweg nach Collonges zu gelangen. Dieser Weg folgt dem Berghang, links liegen die Wiesen, welche durch ein gutes System von Feldwegen erreichbar sind. Die Lage ist geschützt, so dass sogar Weinberge angetroffen werden. In der nächsten Ortschaft, *Collonges,* ist die Pfarrkirche Ste-Anne sehens-

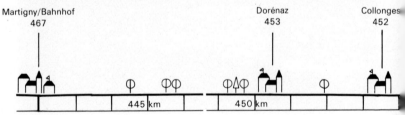

Martigny/Bahnhof 467   Dorénaz 453   Collonges 452

445 km   450 km

wert, sie stammt aus dem Jahre 1729 und besitzt einen Louis XVI-Altar. In Collonges endet die offizielle Strasse und wir benützen den Wanderweg, der in kurzweiliger Art der Rhone folgt und nach *Lavey les Bains* führt. Am letzten Weinberg in Marschrichtung vorbei führt ein Feldweg über Planbuis und durch den Laubwald Forger zu den letzten Wiesen von Vardant. Wiederum stösst der Berg an die Rhone heran, für eine kurze Strecke ist es notwendig, bis in den Auenwald hinunterzusteigen. Dann führt eine Steintreppe aufwärts, wo der Wanderweg der kleinen Rhone-Aufstauung folgt. Über der Stauanlage ist der Weg in die Felsen eingehauen, dann steigt er durch Gebüsch auf und ab, quert Wiesengelände und endet bei den wenigen Häusern von Eslés, die an der Strasse von Lavey nach Morcles stehen.

Auf der Strasse gelangen wir zur Quelle, die ihr Wasser den weit über unsere Landesgrenzen hinaus bekannten Bädern Lavey les Bains liefert. Blickt man westwärts, fallen die mächtigen Wände der Cime de l'Est auf, die zu den Dents du Midi gehören. Bis Lavey Village, einem mehrheitlich von Bauern und Gasthausbesitzern bewohnten Dorf, wandern wir auf der Strasse. Der Ort ist eine alte Grenzsiedlung am Felsentor von St. Maurice. Das berühmte St. Maurice liegt mit seinem Kloster, der Kirche und dem Domschatz auf der gegenüberliegenden Rhoneseite.

Wir verlassen Lavey ganz oben im Dorf und folgen dem Feldweg bis zu den Wiesen Tovair, wo man das Gelände queren kann, um zu den Häusern von La Pâtissière zu gelangen. Hier stossen wir auf das verkehrsarme Strässchen, das zunächst nach dem kleinen *Le Châtel* führt, dann weiter in Richtung Bex. Links am Wege erblicken wir den im Walde stehenden Tour de Duin, der auf das 11. Jh. zurückgeht und wovon nur ein Rundturm erhalten blieb, der zu einem Restaurant umgewandelt wurde. Über die Felder zieht sich die Strasse zum obersten Teil der grossen Ortschaft *Bex.*

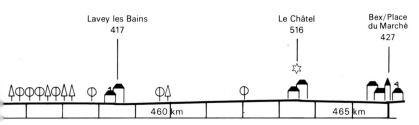

Lavey les Bains
417

Le Châtel
516

Bex/Place
du Marché
427

460 km

465 km

20   Bex-Ollon-Aigle-Villeneuve-Montreux

Über dem ausgedehnten Talboden der Rhone, auf der Sonnenseite, verläuft diese Wanderung durch behäbige Ortschaften, die weitgehend zugleich Winzerdörfer sind. An den Hängen gedeihen wertvolle Weine. Den Waadtländer Alpen zu streben Täler, wo sich bekannte Kurorte befinden. Zum Schluss gelangen wir an den Lac Léman, den Genfersee, wo Montreux das Ziel unserer Fernwanderung bedeutet.

Route	Höhe in m	Hinweg	Rückweg
Bex/Place du Marché	427	—	7 Std. 15 Min.
Ollon/Station	478	1 Std. 30 Min.	5 Std. 45 Min.
Aigle/Place du Marché	415	2 Std. 30 Min.	4 Std. 40 Min.
Villeneuve/Station	375	5 Std. 20 Min.	1 Std. 45 Min.
Glion/Station	688	7 Std.	35 Min.
Montreux/Bahnhof	395	7 Std. 50 Min.	—

Bex bietet den Anblick einer in grüne Hänge, fruchtbare Felder und dichte Wälder gebetteten kleinen Stadt. Jenseits der Rhone erhebt sich die gewaltige Bastion der Dents du Midi, von denen die Cime de l'Est besonders eindrucksvoll erscheint. Den guten Ruf verdankt Bex seinem milden, weil von nördlichen und östlichen Winden geschützten Klima. Der Ort ist Ausgangspunkt der elektrischen Zahnradbahn nach Villars und Bretaye. Sehenswert sind die Salinen, aus denen eine natürliche Kochsalzquelle und eine Schwefelkochsalzquelle fliessen, die den Ort zum Bade-Kurort gemacht haben. Die Galerien und Schächte der Salzlager messen weit über 60 km und sind seit 1560 bekannt. Die Ortschaft ist bereits 574 erwähnt (Bacciis villa), stand unter den Walliser Bischöfen, dem Haus Savoyen und später unter Bern. Charakteristisch ist die um die Kirche St-Clément gelagerte Häusergruppe mit Repräsentationsbauten.

Oberhalb Bex erhebt sich der rund 300 m hohe Le Montet, an dessen Hängen sich Weinberge anschmiegen. Wir verlassen die Ortschaft in ih-

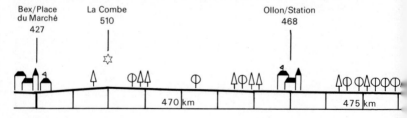

Bex/Place du Marché 427   La Combe 510   Ollon/Station 468

rem oberen Teil, wenden uns in Richtung der nächsten Ortschaft, Ollon, indem wir uns durch die Reben hinauf zum Aussichtspunkt *La Combe* begeben. Dort dringen wir in den Wald ein, wo der Weg nun leicht zu den Wiesen beidseits des Baches L'Avançon niedersteigt. Wir queren die Brücke über das Flüsschen und wandern in gleicher Richtung weiter, erreichen Antagnes, wo sich eine ehemalige Zehntenscheune befindet, ein Steinbau mit eigenartigem Dach. Unterhalb Antagnes eine kleine Mulde, ebenfalls La Combe geheissen, durchschreitend, erreichen wir das kleine Villy. Dem Waldrand der Fôret d'Antagnes entlang, dann über die Felder, erreichen wir das behäbige *Ollon*. Diese Ortschaft wird zu den besterhaltenen Weinbauerndörfern des Kantons Waadt gezählt. Oberhalb des Dorfes breiten sich die Rebhänge aus, die Gegend in Richtung St-Triphon ist von unzähligen Obstbäumen besetzt. Wie Bex, erfreut sich der Ort eines aussergewöhnlich milden Klimas. Zum Ortsbild sind zu erwähnen die reformierte Pfarrkirche, die dem Heiligen Viktor gewidmet ist und schon 1244 erwähnt wurde, sowie das Hôtel de Ville, ein kubischer Steinbau mit Berner Dach aus dem Jahre 1772. Westlich von Ollon, beim Weiler St-Triphon, erhebt sich der Hügel Charpigny aus der Ebene, wo man vorgeschichtliche und römische Siedlungsspuren gefunden hat. Dort befindet sich auch die Burgruine St-Triphon aus dem 13. Jh. Die Burg, 1476 zerstört, gehörte den Herren von Saillon.

Von Ollon steigt man leicht durch einen Weinberg zur grossen und bewaldeten Hügelkuppe Bois de la Glaive empor. Durch diesen Wald führt der Weg zu den Rebgeländen von Verchiez und dann über einen bewaldeten Sattel hinüber nach *Aigle.*

Aigle, mitten in den Rebgeländen eingebettet, verlassen wir, indem wir vom Dorfzentrum aus die Grande Eau queren, den Fluss der vom Col des Mosses und den Diablerets herunterfliesst. Wir steigen hinauf zur Häusergruppe Vers Pausa, von wo ein Weg durch die ausgedehnten Weinberge um *Yvorne* nach Vers Morey führt. Durch weitere Reben gelangen wir abwärts zum Ortszentrum dieses renommierten Weinbauerndorfes. Dieses wurde 1584 durch einen Bergsturz verschüttet, wobei nur der Orts-

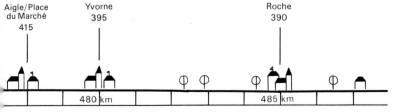

Aigle/Place du Marché 415 Yvorne 395 Roche 390 480 km 485 km

teil Rennauds verschont blieb. Dabei wurde auch das Maison Blanche in den Weinbergen zerstört, das 11 Jahre vorher erbaut worden war; das Gebäude wurde 1609 wieder aufgebaut.
Ein Strässchen führt quer durch die Rebhalden zum Punkt, wo der Wald bis zur Kantonsstrasse reicht. Rund 1 km weit benützen auch wir diese Strasse, dann, bei La Raveire, zweigt rechts ein Feldweg ab, der dem Wald entlang bis zum kleinen Weinberg La Coche führt. Nach weiteren 500 m auf der Strasse weichen wir neuerdings zum Waldrand aus und erreichen *Roche,* wo sich die ehemals bernischen Salinen befinden, die unter der Leitung des Naturforschers Albrecht von Haller berühmt wurden. Wir durchschreiten die Ortschaft und finden nach dem Fabrikareal den Weg über Pre de la Rotta nach Villeneuve. Dieser führt ebenfalls dem Wald entlang, quert die grosse Kiesgrube und findet den Anschluss zum Stadtinnern von *Villeneuve.* An diesem Ort (Näheres S. 103) haben wir auch das Südufer des Genfersees erreicht. Dem Seedamm entlang wandern wir zum weltberühmten Château de Chillon, das sich links von uns im See befindet und als exemplarische Wehranlage bezeichnet werden kann. Es wird angenommen, dass die kleine Insel schon in vorgeschichtlicher Zeit besiedelt war, der Ausbau zur mittelalterlichen Burg erfolgte vom 11. bis zum 13. Jh.
Es ist möglich, vom Schloss über Territet direkt nach Montreux zu gelangen, indessen ist der Umweg über den Aussichtspunkt Glion zu bevorzugen, von wo aus man eine grandiose Rundsicht über den See und die umliegenden Gebiete hat. Dazu steigt man zur Ortschaft Veytaux hinüber und findet den Weg, der über *Glion* und dann steil hinunter nach *Montreux* führt, dem Endpunkt der langen Wanderung.

Das weltberühmte Château de Chillon ▷
bei Montreux steht am Ende der
Rhein-Rhone-Route (Route 20)

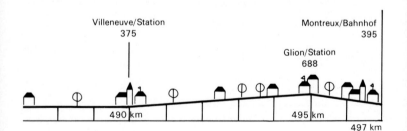

Villeneuve/Station
375

Montreux/Bahnhof
395

Glion/Station
688

490 km   495 km

497 km

St. Galler Rheintal

Das ausgedehnte ebene Gebiet beidseits des Rheins, zwischen der Gegend um Sargans und dem Bodensee, ist vor Jahrmillionen vom Rheingletscher gebildet worden. Nach dem Rückzug dieses gewaltigen Gletschers hat eine Schuttablagerung stattgefunden, welche die Fluss-Sohle über den Talgrund ansteigen liess. Dieser Umstand hatte zahlreiche Überschwemmungen zur Folge; vom 13. bis zum 19. Jh. zählte man nicht weniger als 50 Katastrophen. Eine eigentliche Zähmung des Rheins setzte erst 1859 ein, als die Schweiz mit Unterstützung Liechtensteins und Österreichs daran ging, eine Korrektur anzustreben. Es wurden Sammelrinnen gebaut und der sogenannte Diepoldsauer Durchstich erstellt. Dieser wurde 1923 in Betrieb genommen.
Die Besiedlung des Rheintals geht auf vorgeschichtliche Zeiten zurück. Am Montlingerberg wurden die Reste römischer Kastelle festgestellt, an einigen Orten sind vorrömische Funde gemacht worden. Im Mittelalter, als die Region weitgehend unter den Äbten von St. Gallen stand, erstanden zahlreiche Burgen, die zum Teil noch stehen, während die meisten als Ruinen zerfallen.
Diese intensive Besiedlung war möglich, weil das Land fruchtbar ist; hier gedeihen nebst den vielen Reben, welche eine geschützte Lage beanspruchen, auch Obst, Mais, Getreide und andere Früchte. Heutzutage lebt das Rheintal neben der Landwirtschaft auch von Industrie und Gewerbe. An verschiedenen Orten, besonders im unteren Teil, sind bekannte Fabriken entstanden, die teils weltberühmt sind.
Den Verkehr bewältigen die Schweizerischen Bundesbahnen, die Nationalstrasse 13 und zahlreiche Nebenlinien und Strassen, wobei auch die Übergänge ins Vorarlbergische genannt werden sollen. An den sonnigen Hängen des Voralpengebietes hat sich der Tourismus angesiedelt, wobei das Wandern eine wichtige Rolle spielt. Besonders während der Blütezeit, aber auch im Herst mit seiner Farbenpracht, wird das Rheintal gerne aufgesucht, denn von seinen Höhen geniesst man eine verschwenderische Aussicht über das Land.

Churer Rheintal

St. Galler Rheintal und Churer Rheintal werden durch recht markante Grenzen getrennt: im Osten erheben sich der Fläscherberg mit der Luziensteig und gleich dahinter der Falknis, im Westen bildet die Piz-Sol-Gruppe den Torpfosten zum Süden. Dass diese Region bereits den Süden ahnen lässt, kann nicht bestritten werden; die Sonne strahlt bereits ohne immer wieder den Nebel vertreiben zu müssen, der Himmel leuchtet schon in anderem Blau. Man nennt diese Gegend auch den nördlichen Garten Graubündens, denn die Reben, welche hier gedeihen, liefern köstliche Weine. Der Fläscherberg ist schon immer eine natürliche Grenze gewesen, denn bereits die Römer, mit ihrem untrüglichen Sinn für strategische Schlüsselstellungen, errichteten hier die Militärstation Magia, das heutige Maienfeld. Im Mittelalter herrschten die Herren von Brandis – in Maienfeld steht heute noch ihre Burg – über die nähere und weitere Umgebung, später übernahmen die Drei Bünde die Herrschaft, wobei dieser Name noch immer weiterbesteht. Umkämpft war diese Grenzstellung hauptsächlich im sogenannten Schwabenkrieg und dann in heftiger Weise während des Franzoseneinfalls im Jahre 1799. Die Wunden der Kriege sind längst vernarbt und heute geniesst man die schöne und sanft ansteigende Halde, die sich in einem weiten Bogen bis zur Pforte zum Prättigau ausdehnt.

Hinter Landquart dehnen sich die Wiesen aus und die Obstgärten der Fünf Dörfer, bestehend aus den Gemeinden Igis, Zizers, Untervaz, Trimmis und Haldenstein. Landquart, das erst im letzten Jahrhundert entstanden ist, verdankt seinen Aufschwung der günstigen Verkehrslage. Von hier aus führt die Rhätische Bahn nach Davos. Der Ort, der zu Igis gehört, entwickelte sich in der Folge zu einem wichtigen Industrie- und Handelszentrum Graubündens.

Die Landschaft bis hinein nach Chur erinnert mit ihren Schlössern und vielen Burgruinen daran, dass sich hier eine lebhafte Geschichte abwickelte. Der Calanda drängt den Rhein weiter nach Westen, es öffnet sich die breite Talebene, auf der die Stadt Chur liegt, die seit Urzeiten eine wichtige Verkehrsstellung einnimmt. Hier beginnen die Alpenpässe. Eisenbahnen und Autopost fahren nach allen Richtungen, und hier wird «regiert». Weiter westlich folgen die Dörfer Felsberg und Domat/Ems, letzteres durch die grössten Industrieanlagen des Kantons geprägt.

La Foppa

Der romanische Name für das Vorderrheintal heisst «Surselva» (ob dem Wald; gemeint ist der Flimserwald), man ist bestrebt diese Benennung anstelle von «Bündner Oberland» zu gebrauchen. Dieser grosse Grenzwald ist durch den prähistorischen Flimser Bergsturz entstanden, welcher heute noch die Gegend zwischen Reichenau und Sagogn/Sagens prägt. Dort beginnt «La Foppa» (die Mulde), die auf deutsch die «Gruob» heisst. Mittelpunkt dieser Region ist die erste Stadt am Rhein, Ilanz, umgeben von zahlreichen kleinen Dörfern, die teils auf höher gelegenen Terrassen liegen. In der Foppa gedeihen dank des günstigen Klimas noch

Nussbäume, Mais und Tomaten. Es ist auch ein traditionelles Viehzucht-
gebiet. Die Nähe von Chur und der Industrie in Domat/Ems sorgen für
zusätzliche Arbeitsplätze.
Die Region ist schon in vorchristlicher Zeit besiedelt worden, Funde aus
der Bronze- und Eisenzeit beweisen diesen Umstand. An verschiedenen
Orten stehen sogenannte Schalensteine, die früheren heidnischen Kulten
dienten. Die früheste Erwähnung der Orte in der Foppa, ein Testament
des Bischofs Tello, das heute noch existiert, datiert vom Jahre 765. Im
Mittelalter herrschten hier verschiedene Herren-Geschlechter, davon künden die vielen Burgruinen. Während die Surselva weitgehend dem katholi-
schen Glauben angehört, gibt es in der Foppa viele reformierte Gemeinden.
Die Wanderung folgt durchwegs den Terrassen auf der linken Talseite,
von wo aus man einen umfassenden Überblick über diese reizvolle Gegend erhält.

Die Cadi

Die Gegend von Breil/Brigels aufwärts bis zum Oberalppass wird als Cadi
bezeichnet, der Name bezieht sich auf das Kloster Disentis (Haus Gottes).
Eine Eigenart sei hier erwähnt: während im übrigen Graubünden die Dörfer meist gleichzeitig die politische Gemeinde bilden, bestehen hier Gross-
gemeinden. Zu diesen gehören oft eine ganze Anzahl Dörfer und Weiler.
In der Surselva spricht man von Trin aufwärts rätoromanisch, eine auto-
nome neolateinische Sprache, die auch in den Schulen gelehrt wird.
Deutsch ist für die meisten Bewohner eine angelernte Fremdsprache. Der
Wanderer wird stets wieder mit romanischen Lokal- und Flurnamen kon-
frontiert und wird sicherlich versuchen, diese zu identifizieren.
Die Cadi wird vom Kloster Disentis geprägt, das jahrhundertelang diese
Gegend beherrschte. Dazu kamen die Pässe Lukmanier und Oberalp, wel-
che Verkehr brachten. Eine gewisse Bedeutung erlangte die Ortschaft
Trun, wo 1424 der Graue Bund beschworen wurde, der die politische
Emanzipation einleitete. Die Industrie spielt, mit Ausnahme von Trun, nur
eine unbedeutende Rolle. Dafür versuchen einige Orte mit Erfolg den
Tourismus zu fördern (Breil/Brigels, Disentis und Sedrun).
Die politischen Formen der Cadi sind ausgeprägt und finden ihre äusserli-
che Darstellung im «Cumin dalla Cadi» (Landsgemeinde), die sich alle
zwei Jahre im Garten unterhalb des Klosters in traditioneller und folklori-
stischer Weise abwickelt.

Das grosse Erlebnis im Unterwallis sind ▷
die ausgedehnten Rebberge (Route 18)

Urserental

Eingegrenzt von Oberalp- und Furkapass, Schöllenenschlucht und Gotthardpass, dehnt sich das eigenartige Urserental aus, von dem der prominente Besucher J.W.v. Goethe sagte: «Mir ist's unter allen Gegenden,
die ich kenne, die liebste und interessanteste». Auch wenn dieses Tal
heute vom Kanton Uri aus erschlossen ist und diesem zugehört, war es
während Jahrhunderten Herrschaftsbesitz des Klosters Disentis. Der
Name Ursern stammt vom romanischen «urs» (Bär), demnach hiesse es
«Bärental». Schon im 12. Jh. begannen deutschsprechende Walser hier
zu siedeln und als anfangs des 13. Jh. der Gotthardpass (Öffnung der
Schöllenen) erschlossen wurde, gingen die Bindungen zum Vorderrhein
verloren. Es entstand hier eine freie Talgemeinde mit eigener politischer
Gewalt. Der im 13. Jh. erbaute Turm in Hospental verkündet sichtbar die
alemannische Herrschaft. Ursern ist Passland, es vermittelt die Verbin-
dungen zwischen Ost und West, Nord und Süd. Galten einst nur die
Passwege als Verkehrsträger, sind es heute neben den bequemen Strassen auch die seit Ende der Zwanzigerjahre eröffneten Furka-Oberalp-
Bahn und die Schöllenen-Bahn. Die Eröffnung des Gotthard-Strassen-
tunnels (1980) hat die Gegend vom Verkehr entlastet, aber immer noch
fahren zahlreiche Touristen über die berühmten Alpenpässe.
Die Nähe der grossen Zentren des Mittellandes führten dazu, dass Urseren sich auch zum Tourismus hinwendete. Heute ist Andermatt ein be-
liebter Ort für Sommer- und für Winterferien.

Das Goms

Steht man bei klarem Wetter oben auf dem Furkapass, erblickt man im
Westen, gleich unterhalb des ersten Talkessels um Gletsch, die ebene Tal-
sohle des Goms. Unweit des Passes entspringt am Rhonegletscher der
Fluss «Rotten», wie die Rhone bei den Deutsch-Wallisern heisst. Bei
Oberwald beginnt der ebene Talboden, der bis in die Gegend von Reckingen reicht. Beidseits der Rhone ziehen sich anmutige Wälder und Weiden
an den Hängen entlang. Auf der linken Seite entdeckt man keine Ortschaften, hingegen liegen rechts der Rotten zahlreiche Dörfer, die in ihrer
Art höchst bemerkenswert sind. Sie zeigen die traditionelle alte Walliser
Bauart, welche sich des Holzes bedient und diese in sehr malerischer Art
zu schmücken versteht. Diese typischen Haufendörfer, mit ihren sonnen-
verbrannten Stadeln und Speichern, den Klotzstiegen und Inschriften,
gelten weitherum als Kulturwerte, um so mehr als auch die Kirchen einen
prominenten Stellenwert aufweisen. Diese mächtigen und eindrücklichen
Barockbauten enthalten meist sehenswerte und reiche Altäre, sei es aus

der Zeit des Barock, oder der vorhergehenden Epoche der Gotik. Malerisch sind auch die vielen Kapellen, die manchmal eingeengt zwischen den Häusern oder draussen auf der Wiese stehen. Der Geschichts- und Kunstinteressierte wird sich auch die Heimatmuseen oder die Archive ansehen, die Kunde aus vergangenen lebhaften Zeiten geben.

Das Goms ist die Heimat berühmter Persönlichkeiten. In Mühlebach bei Ernen wurde 1456 der berühmte Kardinal Matthäus Schiner geboren, dem das Wallis einige imposante Kirchen verdankt, unter den barocken Altarschnitzern sticht Johann Ritz hervor, denkt man an die Hoteliers, vergisst man Cäsar Ritz nicht, der aus Niederwald stammte und 1918 verstorben ist.

Verkehrstechnisch ist das Goms heute gut erschlossen, es verfügt über die Passstrassen Grimsel, Furka und Nufenen, die jedoch winters geschlossen sind, indessen bildet der neue Furka-Bahntunnel eine ganzjährige Verbindung mit der Innerschweiz. In den letzten Jahrzehnten wurde das Goms als Touristenregion bekannt, die sich erfreulich entfaltet.

Das mittlere Wallis

Als mittleres Wallis wollen wir das Gebiet zwischen Brig und Sion bezeichnen, auch wenn es nicht der offizielle Name ist. Spricht der Ausländer vom Wallis, dann meint er oft nur Zermatt und das Matterhorn und weiss nicht, dass auch die Rhoneebene mit ihren Talflanken reizvoll und interessant ist. Das genannte Gebiet wird durch Illgraben und Pfynwald in zwei Teile geschnitten, wobei diese Grenze auch die Sprachgrenze zwischen Deutsch und Französisch bildet. Der obere Teil wird von der Stadt Brig beherrscht, die als Verkehrsknotenpunkt gilt, denn hier kreuzen nicht nur Talstrasse und Simplon-Passstrasse. Von Brig aus führen nicht weniger als fünf Bahnlinien hinaus ins Land: nach Sion und Lausanne, durch den Lötschberg nach Bern, durch den Simplontunnel nach Italien, dazu die Schmalspurbahnen nach Furka und Oberalp und nach Zermatt. Die Talebene um Visp wird durch grosse Industrie-Anlagen markiert, aber auch die Landwirtschaft spielt eine gewichtige Rolle. War bis zur Eindämmung der Rhone die Bevölkerung fast ganz auf die Dörfer an den Talhängen angewiesen, hat sie sich neuerdings auch im Talboden angesiedelt. Hier breiten sich fette Wiesen aus und schon bald entdeckt man grossangelegte Obst- und Gemüsekulturen, welche den Beschauer beeindrucken. Der Rebbau ist an die geschützten Hänge verwiesen und wird erst von Sierre abwärts zum zentralen Erwerbszweig. Wohin das Auge reicht, alle irgendwie möglichen Hänge sind mit Reben bestanden, die bekannte und wertvolle Weine liefern; eine Augenweide für den Wanderer.

Am Rande der Stadt Sierre ist eine grosse Industrie angesiedelt, weit oben, wo kein Wein mehr wächst, findet man die bekannten Touristensiedlungen von Crans und Montana, die in den letzten Jahrzehnten gewaltige Ausmasse angenommen haben.

Die riesige Talfurche des Wallis ist auch von der Geschichte geprägt worden. Davon zeugen die uralten Bauten in den Städten, aber auch in verschiedenen kleineren Ortschaften. An vielen Orten hat man Funde aus der jüngeren Steinzeit, aus der Bronze- und Eisenzeit gemacht, entscheidend waren jedoch die Römer, die 15 v. Chr. das Volk unterwarfen und ihre Herrschaft ausübten. Schon früh hat sich das Christentum ausgebreitet, aus dieser Zeit sind die Namen der Heiligen Mauritius und Theodul überliefert. Später standen die Walliser Bischöfe in harten Kämpfen den Herren von Savoyen gegenüber.

Das untere Wallis

Es ist keineswegs so, dass sich die Gegend unterhalb Sion nochmals wandelt. Die Landschaft wird weiter, ruhiger und neben dem fruchtbaren Talboden mit seinen vielfältigen Kulturen dehnen sich die weitläufigen Rebberge an den Flanken aus. Die Gegend ist von typischen Weinbauerndörfern durchsetzt, die einen malerischen Anblick vermitteln. An verschiedenen Orten strecken sich runde und uralte Türme gegen den Himmel, die an die Zeiten erinnern, als die Savoyarden hier Fuss gefasst hatten. Die Leute sind bescheiden und freundlich und lassen erkennen, dass ein gewisser Wohlstand sie beschützt. Es ist angenehm, sich mit ihnen zu unterhalten, man muss aber der französischen Sprache mächtig sein.

Bei Martigny wendet sich die Rhone, zugleich wandeln sich Charakteristik der Landschaft und Klima. Der Rebbau verschwindet weitgehend, um erst weiter unten im Kanton Waadt wieder zu erscheinen. Dieses Rhoneknie ist bereits unter den Römern bekannt gewesen. Bei Martigny sind sie über den Grossen St. Bernard heruntergekommen, um weiter in die West- und Nordschweiz zu gelangen. Reste ihrer Kultur sind verschiedentlich, besonders aber in Martigny, ausgegraben worden. Zwischen Collonges und Lavey les Bains, dort wo die Felsen bis zur Rhone vorstossen, verläuft die Grenze zur Waadt, die einst von Bern beherrscht wurde. An vielen Orten entdeckt man Zeugen aus dieser Zeit, seien es Gebäude, Kirchen oder die Schlösser, wo die bernischen Statthalter wohnten.

Die grosse Pforte von St. Maurice, welche die Fahrt nach Süden bewacht, bildet auch die klimatische Grenze, wo auf der Sonnenseite wieder Reben in grosser Zahl erscheinen. Behäbige, saubere und eindrucksvolle Dörfer zeigen an, dass man hier gut leben kann. Weiter hinten, in den aufstrebenden Tälern, liegen bekannte Kurorte, die teils Weltruhm besitzen. Der Talboden wird wiederum weit und dehnt sich gegen die südlichen Ufer des Genfersees, der die unteren Teile dieser Landschaft prägt. Hier weitet sich der Horizont gegen Westen, die Alpenregion findet ihren Abschluss und klingt ab in einem anmutigen Hügelgelände.

Buchs

Mittelpunkt des St. Galler Rheintals ist Buchs, das nah am Rhein liegt und als Einkaufszentrum der ganzen Umgebung gilt, nicht nur für die umliegenden Schweizer Gemeinden, sondern auch für Liechtenstein und Vorarlberg. Hier befinden sich die Rheinbrücken und der Ausgangspunkt der Arlberglinie, welche Westeuropa mit dem Balkan und Osteuropa verbindet. Man nennt Buchs das Tor zum Osten.

Zu Buchs gehört die Miniaturstadt Werdenberg, ein mittelalterliches Schmuckstück mit Fachwerkhäusern, die bemalt und mit Sinnsprüchen versehen sind. Dieses restaurierte Städtchen wird vom Schloss Werdenberg überragt, das einst Sitz der gleichnamigen Grafen war. Das Schloss stand lange in Privatbesitz und gehört heute dem Kanton St. Gallen. Es kann besichtigt werden.

Maienfeld

Die dritte Stadt Graubündens ist Maienfeld, die aus der römischen Militärstation Magia hervorgegangen ist. Am Haupteingang zu Rätien gelegen (Luziensteig), hat es stets grosse Bedeutung gehabt, um so mehr als in früheren Jahrhunderten keine Brücken über den Rhein führten (in Maienfeld dagegen eine Fähre). Im Mittelalter regierten hier die Herren von Brandis, deren Burg im Städtchen heute ein Restaurant enthält. Später herrschten die Drei Bünde über die Stadt und die umliegende Landschaft. Im Ort ist das Sprecherhaus sehenswert, wo der Generalstabschef im Ersten Weltkrieg, Th. v. Sprecher, lebte. Maienfeld ist wegen des hier wachsenden Weines bekannt.

Chur

Die Hauptstadt Graubündens kann auf eine ununterbrochene Besiedlung während 5000 Jahren zurückblicken und zählt somit zu den ältesten Städten des Landes. Der von Norden kommende Handels- und Militärweg verzweigte sich hier zu den Alpenpässen nach Italien, was dem Ort eine grosse Bedeutung brachte. Die Römer machten Chur zur Hauptstadt der

Rätia prima, im Mittelalter spielte der Ort als Handelsplatz eine Rolle, aber auch als Sitz des Bischofs. Die Altstadt und der Hof sind sehenswert, besonders die spätromanische Kathedrale. Erwähnenswert sind auch das Historische und das Kunstmuseum. Chur ist Regierungs- und Schulstadt, Endpunkt der Schweizerischen Bundesbahnen, Ausgangsort der Rhätischen Bahn und zahlreicher Postautolinien.

Disentis/Mustér

Der Name Disentis (desertina) stammt von Einöde, Mustér von Münster. Beide beziehen sich auf das im 8. Jh. gegründete Kloster, welches zuerst in einer Einöde stand. Später wurde der Ort als Ausgang zu den Pässen Lukmanier und Oberalp von Wichtigkeit: die Kaiser Otto der Grosse und Friedrich Barbarossa zogen über den Lukmanier. Das Kloster erhielt in den Zentralalpen Bedeutung als Kulturzentrum und behält diese bis zum heutigen Tag. Hier besteht eine Mittelschule.
Disentis gilt als Hauptort der Cadi, hier findet die Landsgemeinde statt. Nicht nur die Strassen führen nach verschiedenen Seiten, die Rhätische Bahn ((RhB) findet hier ihren Abschluss, die Furka-Oberalp-Bahn (FO) beginnt ihre Reise ins Wallis. Eine Mineralquelle liess anfangs des Jahrhunderts den Ort zum Kurort werden, heute findet diese Entwicklung ihre Fortsetzung, das günstige Klima wird von vielen Touristen geschätzt.

Ernen

Als um 1930 eine deutsche Filmgesellschaft das Tell-Drama drehte, fand sie für die Apfelschuss-Szene den Dorfplatz von Ernen als geeignet. Hier musste sie kaum etwas verändern, um die Atmosphäre eines mittelalterlichen Ortes darzustellen. Ernen sieht auch heute so aus, wie zur Zeit, als es Hauptort des Goms war. Die braunen Holzhäuser, stilrein und vornehm, sind oft mit Jagdtrophäen geschmückt. Mit ihrem grösseren Anteil von Stein ist diese Architektur charakteristisch für das Untergoms. Ernen hat seine Bedeutung als Ort an der Talstrasse erlangt, diese jedoch nach 1862 verloren, als die neue Furkastrasse, am rechten Ufer der Rhone, gebaut wurde. Abseits des Weges vermochte der Ort jedoch seine Eigenart zu behalten. Die Kirche (1521) ist der Freigebigkeit des Kardinals Schiner zu verdanken, der im unweit gelegenen Mühlebach geboren wurde. Das grosse und schöne Gotteshaus besitzt nicht nur wertvolle Kostbarkeiten, es ist auch landschaftlich reizvoll gelegen. An die Zeit der Herren von Ernen erinnert der Galgen, der ausserhalb des Ortes steht.

Sion

Sion, zu deutsch Sitten, ist nicht nur Hauptstadt des Wallis, sondern auch geographischer und politischer Mittelpunkt des Kantons. Hier halten die internationalen Züge der Simplon-Route an und von hier fahren Postautokurse nach vielen Richtungen. Die Stadt breitet sich am Fusse der Zwillingshügel Valeria und Tourbillon aus, auf denen die ehemalige Bischofskirche und die Ruinen des Bischofsschlosses stehen. Kunst- und Geschichtsfreunden stehen Museen und besondere Sehenswürdigkeiten zur Auswahl, wie die Majorie, das Viztumhaus, das Haus Supersaxo, das Rathaus sowie die Kathedrale und die Kirche St-Theodul. Hinzu kommen zahlreiche Patrizierhäuser.
An den Hügeln wurden Funde aus vorgeschichtlicher und römischer Zeit gemacht, die spätere Geschichte dieser interessanten Stadt ist von den Machtkämpfen zwischen den einheimischen Bischöfen und den Grafen von Savoyen geprägt. Im Museum Valeria sind zahlreiche Gegenstände aus diesen vergangenen Zeiten zu sehen, in der Kirche daneben die älteste noch spielbare Orgel der Welt.
Sitten ist von riesigen Weingärten umgeben, im Ort bestehen zahlreiche Keltereien und moderne Gefrieranlagen, wo die Früchte der Landschaft gelagert werden.

Villeneuve

Am südlichen Ende des Genfersees – des Lac Léman – liegt das alte Städtchen Villeneuve, mit seinen Quais, die von Bäumen beschattet werden und seinen Gaststätten. Die Eigenart der Landschaft verbindet die Schwermut der Rhoneebene mit der Gewalt der nahen Berge.
Villeneuve wurde erstmals 1005 erwähnt und erhielt 1214 als «neue Stadt von Chillon – la ville neuve» das Stadtrecht. Mit diesem Schritt leitete Savoyen seine Stadtgründungen in der Waadt ein. Für Savoyen war der Ort als Stützpunkt für seine Genferseeflotte wichtig. In den Burgunderkriegen wurde Villeneuve eingeäschert und verlor seine Vorrangstellung. Im 19. Jh. wurden die Stadtmauern entfernt, aber immer noch besitzt es einige schöne Häuser sowie die bemerkenswerte Pfarrkirche, ehemals St-Paul. Unweit der Stadt steht auf einer Insel das Schloss Chillon, an einer strategisch wichtigen Stelle zwischen See und ansteigendem Gelände.

Die Kunstwerke des Goms: der gotische ▷
Hochaltar in Münster (Route 13)

Auskunftsstellen

Schweizerische Arbeitsgemeinschaft für Wanderwege (SAW)
Im Hirshalm 49, 4125 Riehen, Telefon 061 491535

Regionale Verkehrsverbände:

Ostschweiz:	Verkehrsverband Ostschweiz Geschäftsstelle: Verkehrsbüro der Stadt St. Gallen Bahnhofplatz 1a, Postfach, 9001 St. Gallen Telefon 071 226262
Graubünden:	Verkehrsverein für Graubünden Hartbertstrasse 9, Postfach, 7001 Chur Telefon 081 221360
Zentralschweiz:	Verkehrsverband Zentralschweiz Pilatusstrasse 14, Postfach, 6002 Luzern Telefon 041 237045
Wallis:	Walliser Verkehrsverband Rue de Lausanne 15, Postfach, 1951 Sion Telefon 027 223161
Genferseegebiet:	Office du tourisme du canton de Vaud Av. de la Gare 10, case postale, 1002 Lausanne 2 Téléphone 021 227782

Gast- und Unterkunftsstätten ausserhalb der Ortschaften:

Route 1:	Thal, Restaurant Steinige Tisch St. Margrethen, Restaurant Unterer Gletscherhügel
Route 2:	Marbach, Restaurant Schloss Wistein
Route 3:	Oberriet, Restaurant Bad- und Kurhaus Kobelwis
Route 5:	Maienfeld, Heidihof
Route 7:	Flims/Conn, Restaurant Conn
Route 10:	Somvix, Hotel Miraval Sogn Benedetg
Route 12:	Furkapass, Hotel Tiefenbach, Hotel Furkablick
Route 16:	Pfynwald, Restaurant du Camping
Route 19:	Lavey les Bains, Grand Hôtel des Bains

Jugendherbergen:

Rorschach, Schaan/Vaduz, Chur, Göschenen, Fiesch-Kühboden, Visp, Sion, Martigny, Montreux.

Wanderkarten

Wandersprospekte

Landeskarte der Schweiz

1:50 000

Blatt		Routen		Blatt		Routen
217	Arbon	1		255	Sustenpass	12
218	Bregenz	1, 2		265	Nufenenpass	13
228	Hoher Freschen	2, 3		264	Jungfrau	14
227	Appenzell	3, 4		274	Visp	14, 15, 16
237	Walenstadt	4, 5		273	Montana	16, 17, 18
238	Montafon	5		872	St-Maurice	18, 19, 20
248	Prättigau	6		282	Martigny	18, 19
247	Sardona	6, 7, 8, 9		262	Rochers de Naye	20
256	Disentis	9, 10, 11, 12				

1:25 000

Blatt		Routen		Blatt		Routen
1075	Rorschach	1		1232	Oberalppass	11, 12
1076	St. Margrethen	1, 2, 3		1231	Urseren	12
1096	Diepoldsau	2		1250	Ulrichen	13
1095	Gais	2, 3		1270	Binntal	13
1115	Säntis	3, 4		1269	Aletschgletscher	13, 14
1135	Buchs	4, 5		1289	Brig	14, 15
1155	Sargans	5, 6		1288	Raron	15, 16
1156	Schesaplana	6		1287	Sierre	16, 17
1176	Schiers	6		1286	St. Léonard	17
1175	Vättis	6		1306	Sion	17, 18
1195	Reichenau	7		1305	Dt. de Morcles	18, 19
1194	Flims	7, 8, 9		1325	Sembrancher	18, 19
1214	Ilanz	9		1304	Val d'Illiez	19
1213	Trun	9, 10, 11		1284	Monthey	20
1212	Amsteg	11		1264	Montreux	20

Die Markierung der Wanderrouten

Die Markierung der Wanderrouten geschieht nach den von der Schweizerischen Arbeitsgemeinschaft für Wanderwege (SAW) aufgestellten Richtlinien. Sie besteht aus Wegweisern, Richtungszeigern und Zwischenmarkierungen.
Die angegebenen Marschzeiten basieren auf einer durchschnittlichen Leistung von 4,2 km in der Stunde. Rastzeiten sind nicht eingerechnet.

Wanderrouten (gelbe Markierung)

Wege für jedermann, die mit gewöhnlichem Schuhwerk und ohne besondere Gefahren begangen werden können.

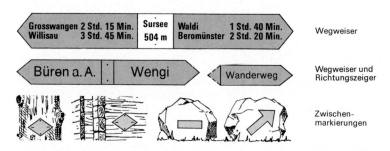

Grosswangen 2 Std. 15 Min. Sursee Waldi 1 Std. 40 Min.
Willisau 3 Std. 45 Min. 504 m Beromünster 2 Std. 20 Min.   Wegweiser

Büren a. A. · Wengi   Wanderweg   Wegweiser und Richtungszeiger

Zwischenmarkierungen

Bergrouten (weiss-rot-weisse Markierung)

Wege, die *grössere Anforderungen* an die Ausrüstung des Wanderers bezüglich *wetterfeste Kleidung* und *geeignetes Schuhwerk mit griffigen Sohlen* stellen. Das Begehen von Bergwegen erfordert *besondere Vorsicht* und *Bergtüchtigkeit.*

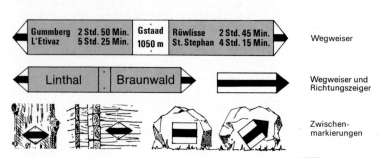

Gummberg 2 Std. 50 Min. Gstaad Rüwlisse 2 Std. 45 Min.
L'Etivaz 5 Std. 25 Min. 1050 m St. Stephan 4 Std. 15 Min.   Wegweiser

Linthal · Braunwald   Wegweiser und Richtungszeiger

Zwischenmarkierungen

Die Schweizerische Arbeitsgemeinschaft für Wanderwege (SAW)

Gehen ist gesund. Gehen macht munter und verschafft das beglückende Gefühl der Freiheit. Technik und Maschine haben den Menschen der Natur entfremdet – der Wanderweg bringt ihn zu ihr zurück.

Als Dachorganisation der Wanderbewegung in der Schweiz fördert die SAW die Erschliessung der Landschaft durch Wanderwege. Sie kämpft für die Erhaltung und Sicherung des echten, das heisst möglichst motorfahrzeug- und immissionsfreien Wanderweges. Sie tritt für ein sinnvolles Wandern ein und unterstützt die Bestrebungen zum Schutze von Natur und Heimat.

Die SAW wurde 1934 in Zürich gegründet. Sie stellt ihre Dienste der Öffentlichkeit unentgeltlich zur Verfügung. Ihre Hauptaufgabe sieht die SAW in der Unterstützung ihrer 25 Sektionen in der Schweiz und im Fürstentum Liechtenstein und in der Koordinierung ihrer Arbeit. Sie legt das gesamtschweizerische Wanderwegekonzept fest, plant die durchgehenden nationalen und internationalen Wanderrouten und erlässt Richtlinien für ein einheitliches Vorgehen.

Die Wanderbewegung ist ein Beispiel schweizerischer Eigenart. Einerseits finden die von der SAW aufgestellten Normen Verständnis und Nachachtung, andererseits behalten die Wanderwegesektionen ihre Selbständigkeit. Bei ihnen liegt die Hauptlast der praktischen Arbeit. Sie planen, markieren und unterhalten ihr Wanderroutennetz, bauen eigene Wanderwege aus, organisieren geführte Wanderungen und bearbeiten eine grosse Zahl an Wanderbüchern und Wanderkarten. Mit seinen rund 50 000 km Länge sucht das Wanderroutennetz der Schweiz seinesgleichen jenseits der Grenzen.

Es ist ein besonderes Anliegen der SAW, für das Wandern als Freizeitgestaltung und Körperertüchtigung zu werben. Daher informiert sie die Öffentlichkeit über die Wanderprobleme und pflegt den Erfahrungsaustausch zwischen den Sektionen. Gegenüber Behörden im In- und Ausland wahrt sie die Interessen der Wanderer. Als Dienstleistung für Wanderfreunde führt sie eine zentrale Auskunfts- und Dokumentationsstelle und veröffentlicht jährlich in ihrem Wanderprogramm eine Zusammenfassung der geführten Wanderungen und Wanderwochen ihrer Sektionen sowie ein Verzeichnis der erhältlichen Wanderliteratur.

Den Skiwanderer dürfte interessieren, dass die SAW zusammen mit ihren Sektionen und dem Schweizerischen Ski-Verband auch die Ski-Wanderwege einheitlich markiert. Heute stehen dem Anhänger dieses immer beliebteren Volkssportes in der Schweiz rund 150 Ski-Wanderwege, die zusammen über 1400 km messen, zur Verfügung. Das Wegenetz wird jährlich erweitert. Über Umfang und Zustand orientiert eine Broschüre, die jährlich überarbeitet wird.

Die Südflanke des Userentales. Über die lange Terrasse führt der Wanderweg nach Tiefenbach; unten liegt Realp (Route 12)

Literaturverzeichnis

Wanderbücher

Amacher, E.: Schweizer Wanderbuch 29, Uri. 1975.
Caduff, C.: Schweizer Wanderbuch 43, Surselva-Bündner Oberland. 1981.
Chevalley, T.: Préalpes et alpes vaudoises. 1973
Kant. St. Gallische Wanderwege, Wanderbuch 1, St. Gallen-Appenzellerland. 1977.
Kant. St. Gallische Wanderwege, Wanderbuch 3, St. Galler Oberland. 1977.
Pertoud, G.: Schweizer Wanderbuch 12, Val d'Anniviers-Val d'Hérens. 1979.
Rechsteiner, S.: Schweizer Wanderbuch 19, Brig-Simplon-Goms. 1976.
Verkehrsverein für Graubünden, Wandern in Graubünden. 1971.

Allgemeine Beschreibungen

Beerli, A.: Wallis.
Eidg. Landestopographie. Karte der Kulturgüter.
Gesellschaft für Schweizerische Kunstgeschichte.
Kunstführer durch die Schweiz, Band 1, St. Gallen-Graubünden,
Band 2, Wallis, Waadt
Tomaschett, P.: Surselva / Bündner Oberland. 1969
Zeller, W.: Kunst und Kultur in Graubünden

Bücher, die im Buchhandel nicht mehr erhältlich sind, können bei der Schweizerischen Landesbibliothek, Hallwylstrasse 15, 3005 Bern, leihweise bezogen werden.

Alphabetisches Register

Die Ziffern beziehen sich auf die Routennummern.

Die Namen wurden in der Regel der Landeskarte 1:25000 und dem Amtlichen Kursbuch der Schweiz entnommen.

Kümmerly + Frey